Jens Motschmann

Ein Gang durch das Kirchenjahr

Jens Motschmann

Ein Gang durch das Kirchenjahr

Bremer Predigten 1990 - 2010

Fromm Verlag

Impressum / Imprint
Bibliografische Information der Deutschen Nationalbibliothek: Die Deutsche Nationalbibliothek verzeichnet diese Publikation in der Deutschen Nationalbibliografie; detaillierte bibliografische Daten sind im Internet über http://dnb.d-nb.de abrufbar.
Alle in diesem Buch genannten Marken und Produktnamen unterliegen warenzeichen-, marken- oder patentrechtlichem Schutz bzw. sind Warenzeichen oder eingetragene Warenzeichen der jeweiligen Inhaber. Die Wiedergabe von Marken, Produktnamen, Gebrauchsnamen, Handelsnamen, Warenbezeichnungen u.s.w. in diesem Werk berechtigt auch ohne besondere Kennzeichnung nicht zu der Annahme, dass solche Namen im Sinne der Warenzeichen- und Markenschutzgesetzgebung als frei zu betrachten wären und daher von jedermann benutzt werden dürften.

Bibliographic information published by the Deutsche Nationalbibliothek: The Deutsche Nationalbibliothek lists this publication in the Deutsche Nationalbibliografie; detailed bibliographic data are available in the Internet at http://dnb.d-nb.de.
Any brand names and product names mentioned in this book are subject to trademark, brand or patent protection and are trademarks or registered trademarks of their respective holders. The use of brand names, product names, common names, trade names, product descriptions etc. even without a particular marking in this works is in no way to be construed to mean that such names may be regarded as unrestricted in respect of trademark and brand protection legislation and could thus be used by anyone.

Verlag / Publisher:
Fromm Verlag
ist ein Imprint der / is a trademark of
OmniScriptum GmbH & Co. KG
Heinrich-Böcking-Str. 6-8, 66121 Saarbrücken, Deutschland / Germany
Email: info@frommverlag.de

Herstellung: siehe letzte Seite /
Printed at: see last page
ISBN: 978-3-8416-0487-3

Copyright © 2014 OmniScriptum GmbH & Co. KG
Alle Rechte vorbehalten. / All rights reserved. Saarbrücken 2014

Inhalt

Vorwort

1. Sonntag im Advent: Matthäus 21, 1-9	5
Heiliger Abend: Fest der geöffneten Türen	12
Christfest (Weihnachten): Johannes 1, 11-12	17
Altjahresabend (Silvester): 1. Mose 32, 23-32	23
Neujahrstag: Johannes 1, 43-51	28
1. Sonntag nach Epiphanias: Jesaja 42, 1-4	35
Gründonnerstag: 1. Korinther 11, 23-29	43
Karfreitag: Jesaja 53, 1-12	49
Ostern: Markus 16, 1-8	57
Christi Himmelfahrt: Apostelgeschichte 1, 1-11	65
Pfingsten: Apostelgeschichte 2, 1-18	73
Trinitatis: Römer 11, 32-36	80
Tag der Geburt Johannes des Täufers: Jesaja 40, 1-8	88
Erntedankfest: Matthäus 6, 19-34	94
Reformationstag: Römer 3, 21-28	103
Buß- und Bettag: Lukas 13,22-30	111
Ewigkeitssonntag (Totensonntag): Jesaja 65,17-19	117

Für meine liebe Frau

Vorwort

Die hier abgedruckten Predigten wurden in den Jahren 1990 bis 2010 in Bremen gehalten. Predigten sind bestimmt zum Hören, nicht zum Lesen. Sie sind Reden und keine Aufsätze. Das lebendige Gegenüber von Prediger und Hörern ist dabei wichtig, das Auge in Auge, von Mund zu Ohr. Darum ist es ein gewisses Risiko, Predigten in einem Buch zu veröffentlichen.

Die gedruckten Predigten erfüllen dennoch eine wichtige Aufgabe. Sie ermöglichen ein konzentriertes Nachdenken über die Verkündigung. Die Predigt hat zwar im Gottesdienst ihren Platz, aber sie geht so schnell an den Zuhörern vorüber, dass oft nur ein allgemeiner Eindruck zurückbleibt. Ich habe es selbst gelegentlich erlebt, wenn ich unter der Kanzel saß, dass mich eine bestimmte Aussage in der Predigt augenblicklich so sehr gedanklich beschäftigte, dass ich den nächsten Sätzen kaum folgen konnte. Wenn es möglich war, habe ich dann nach dem Gottesdienst die Predigt noch einmal in aller Ruhe nachgelesen, sofern sie ins Internet gestellt oder mir der Text ausgehändigt worden war.

Mit der Herausgabe dieser Predigten verbinde ich den besonderen Wunsch, dass sie in Gemeinden, in denen das Pfarramt vakant ist, als Lesepredigten genutzt werden. Es gibt doch – Gott sei Dank! - auch in solchen Gemeinden engagierte Gemeindeglieder, die in der Lage sind, eine Andacht zu halten. Sie dürfen die hier abgedruckten Predigten gern als Lesepredigten benutzen. Eine vorherige Anfrage, ob dies erlaubt sei, ist in diesem Fall nicht nötig.

Notwendig aber ist, dass unter uns das Bewußtsein dafür lebendig bleibt, dass wir auf die geistliche Zurüstung aus der Bibel nicht verzichten dürfen. Erinnert sei an die Worte, die der Apostel Paulus an die Gemeinde in Rom schrieb: „So kommt der Glaube aus der Predigt, das Predigen aber durch das Wort Christi." (Römer 10,17) Die hier vorgelegten Predigten möchten dazu beitragen, den Glauben zu stärken.

Danken möchte ich zum Schluß den Gemeindegliedern, die meinen Predigtdienst unterstützt und begleitet haben. Besonders danke ich meiner lieben Frau Elisabeth, die mir stets mit ihrem Rat zur Seite stand und Claudia Kaiser als Autorenbetreuerin im Fromm-Verlag. Sie hat den Anstoß zu diesem Buch gegeben und die Herausgabe kompetent betreut.

Bremen, im September 2014   *Jens Motschmann*

1. Sonntag im Advent

Predigt über Matthäus 21, 1-9

1 Als sie nun in die Nähe von Jerusalem kamen, nach Betfage an den Ölberg, sandte Jesus zwei Jünger voraus

2 und sprach zu ihnen: Geht hin in das Dorf, das vor euch liegt, und gleich werdet ihr eine Eselin angebunden finden und ein Füllen bei ihr; bindet sie los und führt sie zu mir!

3 Und wenn euch jemand etwas sagen wird, so sprecht: Der Herr bedarf ihrer. Sogleich wird er sie euch überlassen.

4 Das geschah aber, damit erfüllt würde, was gesagt ist durch den Propheten, der da spricht (Sacharja 9,9):

5 »Sagt der Tochter Zion: Siehe, dein König kommt zu dir sanftmütig und reitet auf einem Esel und auf einem Füllen, dem Jungen eines Lasttiers.«

6 Die Jünger gingen hin und taten, wie ihnen Jesus befohlen hatte,

7 und brachten die Eselin und das Füllen und legten ihre Kleider darauf und er setzte sich darauf.

8 Aber eine sehr große Menge breitete ihre Kleider auf den Weg; andere hieben Zweige von den Bäumen und streuten sie auf den Weg.

9 Die Menge aber, die ihm voranging und nachfolgte, schrie: Hosianna dem Sohn Davids! Gelobt sei, der da kommt in dem Namen des Herrn! Hosianna in der Höhe!

Liebe Gemeinde!

Dieser Text, das Evangelium für diesen 1. Advent ist gestimmt auf den Ton des Jubels, der Freude, der Begeisterung. Denn: Jesus ist gekommen, Jesus zieht ein in Jerusalem, Jesus zieht ein in die Herzen der Menschen. Lassen Sie mich drei Sätze zu diesem wunderbaren Predigttext sagen:

Erstens: Jesu Kommen zeigt uns die Erfüllung alttestamentlicher Weissagungen.
Zweitens: Jesu Kommen fordert Bereitschaft für IHN.
Drittens: Jesu Kommen weckt viele Erwartungen und erfüllt die eine ganz wichtige - auf die wir nachher zu sprechen kommen.

Erstens: Jesu Kommen zeigt uns die Erfüllung alttestamentlicher Weissagungen.
Gerade der Evangelist Matthäus wird nicht müde, immer wieder durch Zitate aus dem Alten Testament darauf hinzuweisen, daß sich im Kommen Jesu Christi Hinweise, Weissagungen der alten Propheten erfüllen. Hier ist es eine Stelle aus dem Propheten Sacharja, die der Evangelist Matthäus erwähnt, nämlich Sacharja 9, 9:

Siehe, dein König kommt zu dir sanftmütig und reitet auf einem Füllen, dem Jungen eines Lasttiers. (5)

So wird der Messias, der Retter, kommen, den Gott seinem Volk schickt - und so kam er, so zog er ein in Jerusalem. Es ist ja in der Tat atemberaubend zu vergleichen, wie die Worte des Alten Testaments sich im Kommen Jesu verwirklichen.
Lesen Sie daraufhin z. B. Jesaja 53. Was dort vom leidenden Gottesknecht Hunderte von Jahren vor Christi Geburt gesagt wird, paßt auf keine andere Gestalt der Bibel oder der Weltgeschichte, sondern wirklich nur auf Christus:

Fürwahr er trug unsere Krankheit und lud auf sich unsere Schmerzen...
So beginnt jener Abschnitt.

Und dann kommen jene modernistischen Theologen daher, die heute weithin unsere jungen Theologen geistig verunsichern und behaupten frech und gar nicht gottesfürchtig, daß diese innere Verbindung von Verheißung und Erfüllung in Wirklichkeit gar nicht existiere, sondern nur ein Ausdruck des Glaubens der ersten Christen sei. Es ist erschütternd, daß es solche geistige Blindheit im Volk Gottes gibt. Aber sehen Sie: diese Blindheit gab es schon damals, als Jesus in Jerusalem einzog.

Auch das Volk Gottes der Juden hatte nicht begriffen, wer da wirklich kam. Seltsam, sie waren doch so begeistert! Es ist ja im Grunde schön wenn sich Menschen noch für etwas Sinnvolles begeistern können. Es ist schön, wenn sich Menschen für den Sport, für die Natur, für die Kunst oder auch für soziale Aufgaben begeistern können. Aber Begeisterung kann auch eine zweischneidige Sache sein. Zu oft ist es nur eine Augenblicksstimmung, die Menschen überkommt. Man wird einfach mit- gerissen und weiß mitunter gar nicht so recht, warum man sich so sehr hat mitreißen lassen.
Ein russischer Dichter aus der ersten Hälfte des vorigen Jahrhunderts,

Michael Lermontow, hatte offensichtlich schlechte Erfahrungen mit begeisterten Menschenmassen gemacht. Er schrieb die nachdenklich stimmenden Worte: „Flieh' der Begeist'rung Todesschlingen; sie ist des kranken Geists verzücktes Zorngesicht."

In der Tat, die damals in Jerusalem begeistert "Hosianna" schrieen und "Gelobt sei, der da kommt", schrieen einige Tage später vor dem römischen Statthalter Ponzius Pilatus: *Kreuzige, kreuzige ihn!*

Oder waren das ganz andere Leute? Und wenn ja, wo waren denn die "Hosianna-Rufer geblieben? Wo waren denn die Gegenstimmen zu den schrecklichen Karfreitags - Schreiern mit ihrem *Kreuzige ihn!* ? Haben die Hosianna-Rufer schon nach fünf Tagen nicht mehr gewagt, sich tapfer und fröhlich zu ihrem Messias zu bekennen?

Darum: Lassen Sie uns in der Kirche nie um Begeisterung bitten, sondern um den Geist, um den Geist Gottes, der uns zur Wachsamkeit, zur Nüchternheit und zur Liebe anleitet. Denn wer in den Ruf *"Hosianna dem Sohn Davids! Gelobt sei, der da kommt in dem Namen des Herrn! Hosianna in der Höhe!"(9)* einstimmt, der sollte wissen, daß dieser Ruf eine Verpflichtung einschließt. Und darum sage ich

Zweitens: Jesu Kommen fordert Bereitschaft für IHN.

Wir lesen, daß Jesus und seine Jünger *nahe an Jerusalem kamen*, d. h. nahe an den Ort der Entscheidung. Wo Jesus hinkommt, kommen Menschen in eine Situation der Entscheidung: Wollen sie ihm den Weg bereiten oder nicht? Und wenn ja, wie?

Die Zweige sollten wir an den Bäumen lassen. Die Kleider und Decken, die dort vor Jesus auf den Weg ausgebreitet wurden, sind auch nicht so wichtig, sondern darum geht es, was wir vorhin im gemeinsamen Lied bekannt haben: *Macht hoch die Tür, die Tor macht weit, euer Herz zum Tempel zubereit'...*

Bereit sein für Jesus, sich von ihm senden lassen, wie seine Jünger, wie jene zwei, von denen es hier heißt:

Als sie nun in die Nähe von Jerusalem kamen nach Betfage an den Ölberg, sandte Jesus zwei Jünger voraus und sprach zu ihnen: Geht hin in das

Dorf, das vor euch liegt, und gleich werdet ihr eine Eselin angebunden finden und ein Füllen bei ihr; bindet sie los und führt sie zu mir! (lf.)

So selbstverständlich klingt das! Und so selbstverständlich geschieht es dann auch. Der unvergessene Pastor und Evangelist Wilhelm Busch hat zu dieser Geschichte sehr treffend bemerkt:

„Der Anfang ist so unscheinbar, so harmlos und gering: Zwei Jünger bekommen den Auftrag, sich in einem Dörflein nach einem Esel umzusehen. Das ist alles!"

Jesus braucht den Esel, nicht weil er müde ist und den Rest der Strecke reitend zurücklegen möchte, sondern weil der Esel das Tier ist, auf dem nach der Überlieferung der Messias in die heilige Stadt einreiten wird. Genauso hatte es der Prophet Sacharja vorausgesagt.

Ist Ihnen schon einmal aufgefallen, daß dieser unauffällige Anfang einer im Grunde großen und wichtigen Begebenheit typisch ist für alles, was mit Jesus zusammenhängt?

Es fängt bei Jesus immer still, verborgen, harmlos aussehend an : Als er in die Welt kommt, nimmt kaum jemand Notiz davon. Wir wissen nicht einmal, ob der Wirt oder die Wirtsfrau in der Karawanserei von Bethlehem nach Maria und dem Kind geschaut haben. Nur die Hirten bekommen zunächst mit, was da geschehen ist.

Als er von den Toten auferstand, geschieht wiederum alles still und unauffällig. Eine der Frauen, die im Morgengrauen des Ostersonntags das Grab Jesu aufsuchen, sieht Jesus ganz allein und meint, einem Gärtner zu begegnen. (Joh. 20, 15)

Zwei seiner Jünger sind auf dem Wege nach Emmaus. Da gesellt sich ganz still und bescheiden ein dritter Wanderer dazu - und es dauert eine Weile bis ihnen ein Licht aufgeht, wer da neben ihnen die ganze Zeit hergegangen ist: es war Jesus. Selbst wenn es damals schon die Bild-Zeitung und ARD und ZDF und RTL gegeben hätte, die beutegierigen Journalisten hätten das Entscheidende vermutlich gar nicht mitbekommen, weil es sich abseits und in aller Stille vollzog.
Geht hin in das Dorf, das vor euch liegt..., sagt Jesus den beiden Jüngern.
Gehet hin in alle Welt... sagt derselbe Jesus ein paar Wochen später an derselben Stelle, nämlich am Ölberg, zu seinen Jüngern.

Alles was im Reich Gottes wirklich von Gott her geschehen ist, entwickelte sich immer aus den kleinsten Anfängen. Gilt das nicht auch vom Christwerden? Fängt das nicht auch in aller Regel ganz still und unscheinbar an und nicht mit einem Paukenschlag? Aber das heißt eben nicht, daß es dann irgendwann still im Sande verlaufen soll: getauft, konfirmiert - und dann Ruhe.

Wen Jesus in Beschlag nimmt, der mag ja von seinem Wesen ganz still sein, aber er tut, was der Herr von ihm erbittet. Jesus ruft und beauftragt.
Es ist dem Herrn völlig gleichgültig, was und wer jemand ist. Jesus ist nur wichtig, ob einer sein Jünger sein will. Ob einer sich rufen und beauftragen läßt. Jesus fragt nur nach dem einen: Bist du bereit zu gehen?

Wir lesen hier:
Die Jünger gingen hin und taten, wie ihnen Jesus befohlen hatte. (6)

Die Gemeinde Jesu lebt von dieser Bewegung, von dieser Bereitschaft, von diesem Gehorsam - und nicht von einer augenblicklichen Hosianna-Begeisterung, die sehr schnell wie eine Seifenblase zerplatzen kann. Was hat es eigentlich mit diesem Hosianna-Ruf auf sich? Dieser Ruf war nicht nur Ausdruck einer stürmischen Begeisterung, sondern auch Ausdruck hochgespannter Erwartungen. Denn - so sage ich:

Drittens: Jesu Kommen weckt viele Erwartungen - und erfüllt die eine ganz wichtige.

Welche Erwartungen verbinden sich mit dem Ruf: *Hosianna dem Sohn Davids! Gelobt sei, der da kommt im Namen des Herrn! Hosianna in der Höhe!" ? (9)*

Hosianna ist die griechische Form des hebräischen Ausdruck *hoschia-na* und heißt wörtlich übersetzt: *Hilf doch (Herr)!*
So steht es im Psalm 118: *Herr hilf, o Herr, laß wohlgelingen!*
Seltsam dieser Ruf inmitten einer Demonstration!
Ich muß dabei unwillkürlich an einige andere Demonstrationen denken. Kürzlich wurde im Fernsehen ein Film gezeigt über die Studenten-Unruhen End der sechziger Jahre. Man nennt sie die "Achtundsechziger Bewegung" nach dem Jahr 1968, als der linke Flügel der Studentenbewegung lautstark auf die Straßen ging.

Da ertönte der Ruf *We shall overcame* und der spanische Ruf: *venceremos*. Beides heißt: *"Wir werden siegen!"*

Welch ein Unterschied zum Hosianna-Ruf!
Venceremos stützt sich auf die eigene Kraft, die Macht der Masse, der "Bewegung" -
Hoschia-na dagegen ist ein Imperativ, an einen einzelnen gerichtet. Hilfe! Es ist ein Rettungsruf. Hosianna ist ein Gebet. Es verläßt sich auf die Kraft Gottes.

Erwarten Sie, erwartest Du tatsächlich Hilfe von IHM? Tu es doch! Nimm Jesus beim Wort!

Viele sind nicht so recht zufrieden mit sich, irgendetwas ist nicht in Ordnung, gesundheitlich oder seelisch oder in der Lebensführung. Jemand sagte mir: Ich bin seit einiger Zeit so furchtbar niedergeschlagen. Ich kann nichts dagegen machen. Und ich möchte besser sein, selbstloser. Werde ich es schaffen?

So jemand kann, wenn er gläubig ist, nur sagen: Hosianna! Herr, greif' du ein! Ich will es. Ich will es uneingeschränkt. Ich will, daß du eingreifst. Hier bin ich. Verändere mich!

Hier bei den Leuten auf den Straßen Jerusalems ist durchaus echte Sehnsucht da - nach Hilfe, nach Rettung aus Not, vor allem aus politischer Not. Denn im Lande stand die verhaßte Besatzungsmacht der Römer. Die Geschichte vom Einzug Jesu in Jerusalem spiegelt die Erwartung eines Befreiers aus dem Hause König Davids wider, der die einstige Größe und politische Unabhängigkeit Israels wiederherstellen sollte. König David war zu diesem Zeitpunkt schon tausend Jahre tot, aber die Erwartungen, die sich an diese Tradition knüpften waren lebendig.
Wenn wir auf die damalige Menschenmenge schauen, die den Weg Jesu säumt, so können wir nur sagen: Echte Sehnsucht ist da, aber die Erwartungen sind falsch. Gott behüte uns vor falschen Erwartungen, wenn Jesus zu uns kommt.
Er ist kein politischer Macher. Die Römer jedenfalls hat er nicht vertrieben, nicht einmal zum Widerstand gegen sie aufgerufen.

Er ist kein Wunder - Doktor, der auf Wunsch genau das Leiden wegnimmt, unter dem ich gerade leide.

Er ist kein Philosoph, der das gebildete Bürgertum mit interessanten Ansichten über Gott und die Welt unterhält. Er ist kein Weltverbesserer, der uns das Rezept zur Lösung aller unserer Probleme gibt.

Nein, er gibt uns nicht in jedem Fall die Lösung unserer Probleme, sondern die Erlösung aus dem Teufelskreis unserer Sorgen und Probleme. Es gibt nur eine Erwartung, eine ganz wichtige, die Jesus jedem erfüllt, der ihn ehrlich darum bittet: die Erlösung von Schuld und Sünde. Dazu reitet der Messias auf einem Esel in Jerusalem ein.

Wer diese Erlösung erwartet und dann auch an sich erfährt, der ist ganz anders fähig, zu leben, mit dem Heute fertigzuwerden und sich den Aufgaben von morgen zu stellen, der wird übrigens auch ganz anders an Problemlösungen herangehen, weil er durch Gottes Wort und Geist gehalten und gelenkt wird.

Wer diese Erlösung erwartet, der wartet auf das Kommen des Herrn, der weiß, was Advent bedeutet: Ankunft dieses Herrn, des Heilands und Erlösers. Diese Erwartung ist so ernst und wichtig, daß die Adventszeit von daher eine mehr stille und besinnliche Zeit sein will. Und diese Erwartung ist zugleich erfüllt von soviel Zuversicht und Dankbarkeit, daß diese Zeit auch eine frohmachende Zeit sein will. Beides sei uns in der vor uns liegenden Adventszeit beschieden. Amen.

Heiliger Abend: Fest der geöffneten Türen

Liebe Gemeinde, insbesondere liebe Kinder!

Genau vor einer Woche machte ich einen kleinen Streifzug durch unsere Innenstadt. Auch ein Pastor möchte ja ein paar Geschenke besorgen. In einem Schaufenster sah ich ein Buch, das ganz neu erschienen ist. „Die Tür zur Weihnacht" - so heißt es. Ich hatte keine Gelegenheit, es in die Hand zu nehmen. Aber als ich dieses Buch sah, hatte ich auf einmal eine Idee. Ich dachte mir: das ist es, darüber musst du am Heiligabend in der Kirche sprechen - über die Tür zur Weihnacht.

Und ich sagte mir: Du musst darüber so sprechen, dass es alle verstehen, auch die Kinder. Denn was eine Tür ist, weiß jedes Kind. Ich möchte das Kind mal sehen, das nicht weiß, was eine Tür ist. Aber weiß jeder auch, was mit der Weihnachtstür gemeint ist? Ich vermute, dass nicht nur die Kleinen, sondern auch die Großen, die Erwachsenen, nicht so ganz genau wissen, was damit wohl gemeint ist: Tür zur Weihnacht. Mir kommen dabei drei Türen in den Sinn, drei Türen, die sich heute Abend öffnen können und die alle drei mit Weihnachten zu tun haben.

Die erste Weihnachtstür: das ist die Tür des Weihnachtszimmers

In manchen Familien wird dieses Weihnachtszimmer schon einen Tag vor dem Heiligen Abend abgeschlossen. Nur die Eltern dürfen noch hinein, vielleicht auch noch Oma und Opa. Aber dann ist Schluss. Geheimnisvolle Dinge werden da verhüllt und verpackt hineingetragen. Ach, ist das alles aufregend.

Aber selbst wenn Ihr ein solches Weihnachtszimmer nicht habt, denn nicht jede Familie kann es sich leisten, ein Zimmer für den Durchgangsverkehr zu sperren, ist es trotzdem spannend, wenn ihr nachher nach Hause kommt und sich die Tür zum Weihnachtszimmer öffnet. Da steht dann der Baum mit den Kerzen - und es gibt sicherlich auch ein paar schöne Geschenke.

Ich würde gern bei euch zu Hause dabei sein und zusehen, wenn sich Eure Weihnachtstür öffnet. Aber das geht nicht, denn ich muss nachher ja bei meiner eigenen Familie sein, wenn sich die Tür zu unserem Weihnachtszimmer öffnet. Ja, es ist eine aufregende Sache mit dieser Weihnachtstür.

Aber noch aufregender finde ich eine andere Weihnachtstür. Die gibt es nämlich nur ein einziges Mal in der ganzen Welt. Ja, Ihr habt richtig gehört: nur ein einziges Mal. Könnt Ihr euch denken, welche Tür das ist?

Die zweite Weihnachtstür: das ist die Tür in der Geburtskirche

In Bethlehem, so hörten wir vorhin, wurde Jesus geboren. Seht Ihr, das wollen und dürfen wir bei all den vielen Geschenken und dem schönen Lichterglanz am Weihnachtsbaum nicht vergessen: Jesus Christus wurde geboren, um den Menschen beizustehen und um ihnen zu zeigen, wie sehr Gott sie liebt. Daran zu denken und Gott dafür zu danken, das ist die Hauptsache am Heiligen Abend.

Darum lasst uns jetzt nach Bethlehem gehen. Aber wie sollen wir das tun? Das geht doch gar nicht. Wir sitzen doch hier in der Kirche. Wie sollen wir denn jetzt von hier nach Bethlehem kommen?

Ich habe eine Idee: Ich führe euch in Gedanken nach Bethlehem. Ich war nämlich gerade vor einem Monat dort und habe mir alles angesehen. Darum kann ich euch jetzt ganz genau erzählen, was ich da gesehen habe.

Bethlehem liegt im Land Israel, im jüdischen Land, so haben wir es vorhin in der Weihnachtsgeschichte gehört. Es liegt auf einer Anhöhe, ungefähr 10 km südlich von der Hauptstadt Jerusalem entfernt.

Bethlehem war damals, als Jesus geboren wurde, ein Dorf. Heute ist es eine kleine Stadt mit etwa 25.000 Einwohnern. Ringsherum sieht man auch heute noch Weideflächen und Felder. Auf einem dieser Felder haben die Hirten nachts ihre Herden bewacht.

Wer heute nach Bethlehem kommt, der will vor allem die Geburtskirche sehen. Es ist eine große Kirche, noch viel größer als unsere schöne Kirche! Die Geburtskirche in Bethlehem ist die älteste heute noch benutzte Kirche der Welt. Und nun werdet Ihr staunen: unter dieser Geburtskirche befinden sich Höhlen, ja - richtige Höhlen. Denn der Stall, in dem Jesus geboren wurde, befand sich sehr wahrscheinlich in einer dieser in Felsen gehauenen Höhlen. Später hat man dann über diese Höhlen eine große Kirche gebaut - und darum heißt sie nun die Geburtskirche.

Der Zugang zu dieser großen Kirche führt durch eine auffällig kleine Türöffnung. Sie ist nur 1,20 m hoch und 80 cm breit. Es gab früher größere Haupteingänge für die Kirche, aber vor über 400 Jahren hat man diese Eingänge zugemauert und den einen Eingang so sehr verkleinert, dass man seitdem durch ihn nur noch gebückt in die Kirche hineinkommen kann.

Warum hat man das getan? Wohl deshalb, um die Kirche in kriegerischen Zeiten vor rohen Eindringlingen besser zu schützen. Als ich das erste Mal vor dieser niedrigen Tür stand, dachte ich: es ist gut, dass die Tür so niedrig ist. Das kann die Menschen, die in die Kirche hineingehen, auf einen wichtigen Gedanken bringen: Wer nämlich Jesus Christus, das Kind in der Krippe, anbeten will, der muss sich bücken, der muss sich beugen, der muss klein werden. Sonst kann er nicht hinein.

Darum wird diese Tür auch „Pforte der Demut" genannt. Demut ist selten geworden. Viele verwechseln Demut mit Kriecherei. Das ist aber grundfalsch.
Der Fernseh-Moderator Peter Hahne, der vor einiger Zeit auf dieser Kanzel stand, hat einmal sehr treffend gesagt: „Wer vor Gott knien kann, der kann vor der Welt gerade stehen!"

Und noch ein wichtiger Gedanke: durch diese Pforte kann immer nur einer alleine gehen, nicht zwei gleichzeitig. Das heißt: zu Jesus kommen und vor ihn hintreten, kann man nur für sich allein. Niemand kann für einen anderem glauben. Niemand kann dem andern die Verantwortung abnehmen, die er vor Gott hat für das, was er tut oder unterlässt.

Wir können darum beten, dass ein Mensch, der uns am Herzen liegt, doch auch den Weg zu Jesus finden möchte. Wir können ihn im Geist, im Gebet vor Jesus bringen. Das ist richtig und wichtig. Aber den entscheidenden Schritt durch die enge Pforte, den muss jeder für sich ganz allein tun. Daran musste ich denken, als ich diese enge Pforte der Geburtskirche in Bethlehem sah.

In der Kirche erblickte ich eine Treppe, die nach unten führt - zu den Höhlen. Ich stieg hinunter und stand nun in einer der Höhlen, wo sich damals die Krippe befand. An der Stelle, wo Jesus geboren sein soll, ist im Fußboden ein großer silberner Stern eingelassen. Ob dies nun wirklich der Platz war? Ich weiß es nicht. Aber so oder so ähnlich wird der Ort gewesen sein.

In der Höhle brannten viele Kerzen. Und ich musste daran denken, dass wir die Geschichte von der Geburt Jesu mit viel Kerzenglanz umgeben. Damals, als

Jesus geboren wurde, brannten in dieser Höhle bestimmt nicht viele Kerzen, sondern wahrscheinlich nur eine kleine Lampe.

Ihr könnt Euch kaum vorstellen, wie viele Menschen aus allen Ländern der Erde nach Bethlehem in diese Kirche kommen. Und sie alle müssen sich bücken, wenn sie durch die niedrige Tür die Kirche betreten wollen.

Nicht jeder kennt die Weihnachtstür zu Hause, nicht jeder kommt in seinem Leben irgendwann einmal nach Bethlehem, um die dortige Weihnachtstür zu sehen. Aber es gibt noch eine dritte Weihnachtstür und das ist die allerwichtigste Weihnachtstür.

Die dritte Weihnachtstür: das ist die Herzenstür

Und diese Tür kann jeder öffnen. Hast du gehört? Jeder! Jeder Mann, jede Frau, auch jedes Kind! Wie heißt diese Tür? Sie hat einen etwas altmodischen Namen. Aber ich finde keinen besseren: es ist die Herzenstür!

Es gibt ein Adventslied, das wir auch in diesem Jahr an jedem Adventssonntag in dieser Kirche gesungen haben: „Macht hoch die Tür, die Tor macht weit ..."
In diesem Lied heißt es an einer Stelle: „Komm, o mein Heiland Jesu Christ, mein's Herzens Tür dir offen ist."

Was ist damit gemeint? Ganz einfach: richtig Advent und Weihnachten wird es erst dann, wenn wir Jesus Christus aufnehmen. Wie können wir das tun? Wir tun das, wenn wir uns ehrlich und von Herzen darüber freuen, dass Jesus Christus geboren wurde. Wir können niemandem ins Herz schauen. Aber Gott weiß, wer die Herzenstür für Jesus öffnet oder schon geöffnet hat. Es gibt ja immer einige, bei denen braucht es etwas mehr Zeit, ehe sie soweit sind.

An dieser Stelle geht es also um eine persönliche Entscheidung. Weihnachten ist die große Einladung Gottes, sich ihm zu öffnen, seine Botschaft vom Frieden, der durch Christus in diese Welt gekommen ist, nicht nur zu hören, sondern aufzunehmen. Der schlesische Dichter Angelus Silesius hat es so gesagt: „Wird Christus tausendmal zu Bethlehem geboren und nicht in dir, du bleibst noch ewiglich verloren."

Natürlich möchte niemand „verloren gehen" oder sich verloren fühlen. Aber leiden nicht unzählig viele Menschen gerade darunter, dass sie sich eben doch

„verloren" vorkommen - d.h. sich nicht verstanden fühlen, nicht oder zuwenig geliebt?

Und in wie vielen Fällen steht im Hintergrund ganz schlicht und erschütternd Schuld - unvergebene Schuld? Auch Menschen, die dem andern gar nichts Böses wollen, die es vielleicht sogar gut meinen, auch sie müssen erkennen, dass sie an anderen schuldig werden - zuallererst an Gott, dessen Wort und dessen Gebote sie oft genug links liegen lassen. Daraus entsteht viel Leid und Orientierungslosigkeit. Wie kommt man da heraus? Von selbst nicht! Darum wurde ja Gott Mensch, darum kam Gott in diesem Jesus ganz direkt auf die Welt, um allen Menschen zu zeigen, wie aus Liebe und Versöhnung neues Leben entstehen kann.

Darum beten wir im Vaterunser: *Vergib uns unsre Schuld, wie auch wir vergeben unsern Schuldigern.*

Darum singen wir in der Weihnachtszeit und nachher auch zum Schluss dieses Gottesdienstes: „Christ ist erschienen, uns zu versühnen: Freue, freue dich, o Christenheit!"

Wer die Herzenstür für Christus öffnet, wird mit dieser ganz einzigartigen Freude beschenkt. Diese Freude wirkt ansteckend. Sie erreicht auch Menschen, die scheinbar wenig Grund zur Freude haben: Kranke und Einsame, Verlassene und Gefangene, die Notleidenden in aller Welt. Auch ihnen gilt: Jeder darf zugleich Empfänger und Bote dieser Weihnachtsfreude sein!

Die schönste Freude bereiten wir dem anderen sicherlich dadurch, dass wir nicht nur heute, sondern immer wieder überlegen, wie wir füreinander und miteinander dafür sorgen können, dass in unserem Leben diese drei Lichter nicht verlöschen, die da heißen: Glaube, Liebe und Hoffnung. Gott selbst klopft mit dieser Botschaft an unsere Herzenstür. Wir haben es gehört. Haben wir es wirklich gehört? Und nun lasst uns in diesem Sinne Weihnachten feiern als das Fest der geöffneten Türen! Amen.

Christfest (Weihnachten)

Predigt über Johannes 1, 11 -12

11 Er kam in sein Eigentum; und die Seinen nahmen ihn nicht auf.

12 Wie viele ihn aber aufnahmen, denen gab er Macht, Gottes Kinder zu werden, denen, die an seinen Namen glauben.

Liebe Gemeinde!

In diesem kurzen Wort hat uns der Evangelist Johannes mitgeteilt, was zu Weihnachten geschehen ist. Er verkündigt uns das Weihnachtswunder, die Weihnachtsnot und die Weihnachtsverheißung.

Ich glaube, daß die Weihnachtsgeschichte immer diese drei Erlebnisgruppen haben wird – auch heute. Darum liegt mir daran, diese drei Möglichkeiten darzustellen und dabei zu fragen: Wo stehen wir?

Erstens: das Weihnachtswunder

Er kam... "(11)
Die Unerhörtheit dieser Tatsache ist uns durch jahrhundertelange Gewöhnung gar nicht mehr so bewußt, wie es notwendig wäre. Wir müssen uns erst wieder deutlich machen, worum es eigentlich geht, wenn uns gesagt wird, daß Jesus Christus zu uns kam.

Der Theologe Dietrich Bonhoeffer hat zu Weihnachten 1939 einen Aufsatz geschrieben, der mit den Worten beginnt: „Kein Priester, kein Theologe stand an der Krippe von Bethlehem. Und doch hat alle christliche Theologie ihren Ursprung in dem Wunder aller Wunder, daß Gott Mensch wurde..."

Das ist die zentrale Aussage der Weihnacht: Gott wurde Mensch. Kaum zu fassen! Und doch: Nur wer von dieser Botschaft erfaßt wird, wird von Weihnachten erfaßt, von dem, was dieses Fest wirklich meint. Ein Kind in der Krippe, in Windeln gewickelt - dieses Bild rührt viele Menschen an. Immer noch. Obwohl wir doch zumindest in unserm Land in einer nicht gerade ausgeprägt kinderfreundlichen Kultur leben. Kinder werden ja leider nicht in jedem Fall als ein Geschenk Gottes dankbar begrüßt. Das Leben mit Kindern wird problematisiert. Viele sehen vor allem die Belastungen, die damit verbunden sind und die ja auch gar nicht weg zu leugnen sind. Aber wir erleben erfreulicherweise immer wieder, wie Menschen sichtlich ergriffen oder gerührt sind, wenn sie ein Baby sehen. Nur mit dieser Art der Rührung ist das Kind in der Krippe, das Wunder von Bethlehem, nicht zu erfassen.

Wie kommt es, daß Martin Luther von diesem Anblick der Krippe sagen konnte: „Das ewig Licht geht da herein, gibt der Welt ein' neuen Schein" - ?

Er konnte es, weil er wie alle gläubigen Christen davon überzeugt war, daß damals in Bethlehem nicht ein überragendes religiöses Genie zur Welt kam, wie vor ihm Konfutse, Buddha oder nach ihm Mohammed, sondern der Sohn Gottes.

Es hat einmal und nur einmal in der Weltgeschichte den ungeheuren Fall gegeben, dass jemand mit dem Anspruch eines Gottessohnes und mit der Behauptung 'Ich und der Vater sind eins' aufgetreten ist und daß er die Begründung für diesen Anspruch nicht so erbrachte, daß er sich überirdisch gebärdete oder die Menschen vor seiner Weisheit erstarren ließ oder Erkenntnis höherer Welten vermittelte, sondern daß er seine Bestätigung durch die Tiefe suchte, in die er sich herabließ. Ein Gottessohn, der seinen Titel mit dem Argument verteidigt, daß er auch dem Ärmsten und dem Schuldbeladenen noch Bruder ist und dessen Last auf sich nimmt, von dieser Behauptung kann man nur kopfschüttelnd Kenntnis nehmen - oder man muß dieses Wunder anbeten. Etwas Drittes gibt es nicht. (Vgl. Helmut Thielicke: Warum ich als Christ Weihnachten feiere?)

Jesus hat sich nicht erst zum Heiland entwickelt, sondern er ist als Heiland geboren. Das war doch das Merkwürdige an diesem Kind in der Krippe:

Es wurde in der Fremde geboren. Es gehörte nicht nach Bethlehem. Und als er geboren wurde, da war die große Volkszählung, durch die Maria und Josef nach Bethlehem gekommen waren, gerade vorbei. Der Name dieses Kindes stand in keiner Liste. Dieses Kind hatte keine Heimat. Es gehörte keinem Volk. Es war frei von allem, was sonst die Menschen prägt. Es war allein von Gott geprägt. Und so allein von Gott geprägt, gehörte es der ganzen Menschheit.

Darf ich einmal einige Vergleiche bringen?
Konfutse gehörte dem chinesischen Kulturkreis an, Buddha dem indisch-asiatischen, Mohammed der arabischen Welt.

Wenn ich dagegen den Namen Jesus höre, komme ich überhaupt nicht auf die Idee zu fragen: War dieser Jesus ein Asiate, ein Europäer oder ein Afrikaner? Dieser Gedanke kommt einem überhaupt nicht. Er gehört der ganzen Menschheit zu allen Zeiten und an allen Orten. Jesus Christus spricht zu den Menschen in einer Weise, die nicht an Raum und Zeit gebunden ist und doch jeden in seinem Lebensraum und in seiner Zeit unmittelbar anspricht: *Kommt her zu mir, alle, die ihr mühselig und beladen seid; ich will euch erquicken. (Matthäus 11,28)*

Das versteht jeder, auf welchem Kontinent er auch wohnen mag. Das ist das Wunderbare an Weihnachten: Gott wurde Mensch, er hat sich erniedrigt, um bei uns zu wohnen.

Zweitens: die Weihnachtsnot

Aber nun kommt das Peinliche an Weihnachten. Christus will bei uns wohnen, will in das Leben der Menschen hineinkommen. Aber - wie sagt doch der Evangelist Johannes? *Er kam in sein Eigentum; und die Seinen nahmen ihn nicht auf... (11)*

Das bezieht sich zunächst ganz direkt auf das Volk, in das er hineingeboren wurde - das jüdische Volk. Die Seinen nahmen ihn nicht auf. Damit begann es: Da war kein Raum in der Herberge, nur die Krippe im Stall.Und so ging es weiter. Die Seinen verstanden ihn nicht. Nicht einmal seine eigene Familie, nicht einmal die Mutter Maria. Der Evangelist Markus berichtet es ganz freimütig: Die Familie Jesu hielt ihn für verrückt. „Er ist von Sinnen." (Markus 3,21) Und am Ende: die Hinrichtung am Kreuz als Zeichen dafür, dieser ist ein Ausgestoßener. Mit ihm darf man nicht Gemeinschaft haben.

Es gibt keine logische Erklärung dafür, daß ein derart ausgestoßener und vor den Augen der Welt gescheiterter Mann dennoch eine weltweite Gemeinde sammeln konnte.Es gibt dafür keine Erklärung - bis auf die eine: Er war Gottes Sohn.

Wir Menschen heute müßten das doch leichter begreifen und annehmen können als die Menschen damals, als Jesus geboren wurde, als er in Nazareth aufwuchs, als er mit seinen Jüngern durchs Land zog, als er schließlich äußerlich gesehen so furchtbar endete. Wir müßten doch begreifen, daß da noch eine ganz andere Kraft in diesen Jesus von Nazareth eingelassen war, die im wahrsten Sinne des

Wortes übermenschlich war. Wir müßten das doch begreifen und uns vor diesem Wunder beugen?

Wie viele tun das ehrlichen Herzens? Und in wie vielen Fällen gilt auch heute: *Er kam in sein Eigentum; und die Seinen nahmen ihn nicht auf.*

Nach wie vor gehört ja die Mehrzahl der Menschen in unserer Stadt und in unsrem Lande einer christlichen Kirche an. Die Mehrzahl der Menschen sind getauft auf Jesu Namen.

Ich frage: Was geht in den Menschen vor, die Weihnachten feiern, ohne zu begreifen, was sie da eigentlich feiern? Sie haben sich lediglich für ein paar Stunden in eine angenehme Stimmung versetzt, ein paar schöne und hoffentlich brauchbare Geschenke bekommen - und gut gegessen.

Genau in dieser Reihenfolge sehen 58 Prozent aller Evangelischen das Besondere an Weihnachten. 58 Prozent aller kurz vor Weihnachten Befragten sahen das Entscheidende des Weihnachtsfestes nicht in der Geburt Jesu, sondern im weihnachtlichen Brauchtum, insbesondere in der angenehmen Feiertagsruhe, in den Geschenken und im guten Essen.

Ich will jetzt gar nicht darüber sauertöpfisch die Nase rümpfen. Ich finde es schrecklich, wenn man den Leuten jede Freude und jedes Fest madig macht. Wir wären ärmer, wenn wir das schöne weihnachtliche Brauchtum nicht hätten und pflegen würden.

Aber wir wären noch um ein vieles ärmer dran, wenn sich Weihnachten darin allein erschöpfen würde, wenn wir zugeben müßten: Ja, es stimmt, wir gehören zu den Seinen, die ihn nicht aufgenommen haben. Und darum ist das die Kernfrage dieses Tages:

Begreifen wir, daß die Krippe Mittelpunkt des Weihnachtsfestes ist. Begreifen wir, daß von daher Licht in unsere Weihnachtszimmer und - was wichtiger ist - in unsere Herzen kommen will? Begreifen wir, daß unsere Lichter an den Weihnachtsbäumen dieses und nichts anderes ausdrücken sollen?

Dabei ist doch bei fast allen Menschen eine weihnachtliche Sehnsucht da. Damit meine ich die Sehnsucht nach Frieden in der Welt und mit sich selbst, die Sehnsucht, einen klaren, guten Sinn des Lebens zu erkennen, die Sehnsucht nach Vergebung von Schuld. Und alles dieses ist umschlossen von der

Weihnachtsbotschaft: „Siehe, ich verkündige euch große Freude, die allem Volk widerfahren wird; denn euch ist heute der Heiland geboren." (Lukas 2,10-11)

Das Suchen nach dem Dauernden im Vergänglichen war unter den Menschen immer da, es ist auch heute da und es wird immer da sein. Hier liegt der eigentliche Kern des Menschen. Es ist das, was sein Menschsein überhaupt ausmacht.

Max Horkheimer, dessen sog. „Kritische Theorie", eine ätzend scharfe Gesellschafts- und Kulturkritik aus dem Geist des Neomarxismus, Ende der sechziger, Anfang der siebziger Jahre eine ganze Generation letztlich in eine Anti-Haltung zu Staat, Kirche, Familie getrieben hat, mußte am Ende seines Lebens erkennen, dass Menschen einen Halt brauchen, den sie sich nicht selber geben können.

Kurz vor seinem Tode erklärte Horkheimer zur Verwunderung seiner engsten Freunde Jürgen Habermas und Herbert Marcuse: „Politik ohne Theologie ist absurd. Alles was mit Moral und Menschlichkeit zusammenhängt, geht auf die biblische Botschaft zurück. Und die Rebellion der heutigen Jugend ist eine unbewußte Verzweiflung, hinter der die ungestillte religiöse Sehnsucht steht."

Es ist ja nur gut, wenn ein Mensch – wer es auch immer sei - seine Not vor Gott erkennt. In unserem Zusammenhang hier heißt das Nur wer diese Not erkennt, die aus menschlicher Selbstherrlichkeit erwächst, nur der kann das Weihnachtswunder begreifen, die Weihnachtsnot überwinden und die Weihnachtsverheißung dann auch sich beziehen.

Drittens: die Weihnachtsverheißung

Die Weihnachtsverheißung lautet:
Wie viele ihn aber aufnahmen, denen gab er Macht, Gottes Kinder zu werden, denen, die an seinen Namen glauben." (12)

Viele tun das ja auch. Und die das tun, erleben dann auch Weihnachten als Christfest. Sie erleben dann Weihnachten von diesem Wunder her. Sie erleben, wie sie hinein genommen werden in dieses Kraftfeld, das von Christus ausgeht. Die Macht der Gotteskindschaft wird uns versprochen, wenn wir ihn aufnehmen in unserem Leben. „Macht" ist die Fähigkeit, etwas zu vollenden, was nicht jeder vollbringen kann. Und „Gotteskindschaft" ist die Bejahung der Verbindung zu Gott.

„Macht der Gotteskindschaft" bedeutet also die Fähigkeit, ein Leben zu führen, das an Gott erinnert, das aus Gott kommt und zu Gott führt. „Macht der Gotteskindschaft" bedeutet: Macht zu tragen, Macht zu ertragen, Macht zu leiden, Macht zu vergeben, Macht zu überwinden.

Daß z.B. jemand die Vollmacht erhält, einem anderen Christus als Heiland zu bezeugen und nicht nur sagen muß: Komm doch mal am nächsten Sonntag in unsere Kirche mit - in der stillen Erwartung, der Pastor möge dann hoffentlich einen guten Tag haben und eine zündende Predigt halten.

Daß eine Ehe wieder heil werden kann, weil durch Jesus die Kraft geschenkt wird, Durststrecken und Enttäuschungen auszuhalten und aus dem Geist der Vergebung neu anzufangen.

Daß ein Kranker die Kraft bekommt, seine Krankheit anzunehmen und nun erfährt, dass auch ein krankes Leben nicht minderwertig ist, sondern zu einer Quelle der Kraft und der Ermutigung für andere werden kann.

Daß ein Mensch lernt, sein Geld und seine Zeit mit anderen zu teilen, weil Jesus ihn von seiner Ichsucht befreit hat und von seiner Angst, er könne zu kurz kommen.

Das alles und vieles mehr ist möglich „allen denen", so sagt es der Evangelist Johannes, „die an seinen Namen glauben" (11), d.h., die ihm vertrauen, die davon überzeugt sind, daß mit Weihnachten etwas Neues in die Welt und in mein eigenes Leben gekommen ist.

Weihnachtswunder, Weihnachtsnot, Weihnachtsverheißung - das waren die drei Stichworte dieser Predigt. Ich wünsche uns allen ein offenes Herz für die Weihnachtsbotschaft des Engels auf dem Hirtenfeld von Bethlehem:

Siehe, ich verkündige euch große Freude, die allem Volk widerfahren wird; denn euch ist heute der Heiland geboren. (Lukas 2,10-11) Amen.

Altjahrsabend (Silvester)

Predigt über 1. Mose 32, 23-32

23 Und Jakob stand auf in der Nacht und nahm seine beiden Frauen und die beiden Mägde und seine elf Söhne und zog an die Furt des Jabbok,

24 nahm sie und führte sie über das Wasser, sodass hinüberkam, was er hatte,

25 und blieb allein zurück. Da rang ein Mann mit ihm, bis die Morgenröte anbrach.

26 Und als er sah, dass er ihn nicht übermochte, schlug er ihn auf das Gelenk seiner Hüfte, und das Gelenk der Hüfte Jakobs wurde über dem Ringen mit ihm verrenkt.

27 Und er sprach: Lass mich gehen, denn die Morgenröte bricht an. Aber Jakob antwortete: Ich lasse dich nicht, du segnest mich denn.

28 Er sprach: Wie heißt du? Er antwortete: Jakob.

29 Er sprach: Du sollst nicht mehr Jakob heißen, sondern Israel; denn du hast mit Gott und mit Menschen gekämpft und hast gewonnen.

30 Und Jakob fragte ihn und sprach: Sage doch, wie heißt du? Er aber sprach: Warum fragst du, wie ich heiße? Und er segnete ihn daselbst.

31 Und Jakob nannte die Stätte Pnuël; denn, sprach er, ich habe Gott von Angesicht gesehen, und doch wurde mein Leben gerettet.

32 Und als er an Pnuël vorüberkam, ging ihm die Sonne auf; und er hinkte an seiner Hüfte.

Liebe Gemeinde!

„Kommen Sie gut ins Neue Jahr rüber!" Diesen freundlichen Gruß haben wir wir heute und in den vergangenen Tagen wieder gehört. Man spricht diesen Wunsch mehr oder weniger gedankenlos aus, so wie die vielen anderen Wünsche:

Frohes Fest! Fröhliche Weihnachten! Prost Neujahr! Einen guten Rutsch ins neue Jahr! So auch: Komm gut rüber!

Ich habe mir früher so manches Mal vorgenommen diesen Silvestertag zu begehen wie jeden anderen Tag auch. Aber es will nicht so recht gelingen. Man wird eben doch hineingezogen von den Betrachtungen über den Jahreswechsel, von dem Geheimnis der Zeit, die uns an einem solchen Tage stärker zu

Bewußtsein kommt und uns ins Nachdenken führt. Und so bleiben selbst diejenigen heute Abend auf, die sich ansonsten spätestens um 23 Uhr schlafen legen. Sie alle haben die Empfindung, man müsse wachend hinübergehen von einem Jahr in das andere.

Es ist so, als stände man wie Jakob an der Furt des Jabbok, an diesem Flüßchen im Nordosten Israels, das vor der Landnahme Israels die Nordgrenze des Reiches der Ammoniter (4. Mose 21,23f. , Josua 12,2) markierte.

So können wir in diesem Grenzfluß Jabbok ein Bild sehen für jede Grenzsituation. Noch bin ich auf dem bewährten Gebiet, wo ich bewahrt geblieben bin. Noch stehen wir alle auf diesem vertrauten Gelände des Jahres

Wir sind bewahrt geblieben. Grund zur Dankbarkeit! Wir sind bis hierher durchgekommen. Grund zur Dankbarkeit! Wir haben auch in diesem Jahr Höhepunkte erlebt. Das alles ist doch Grund zur Dankbarkeit und nicht Grund zum Jammern und zum Klagen!

Sicherlich denken Sie heute im Rückblick auch an bestimmte Höhepunkte in Ihrem ganz privaten Leben. Da gab es schöne Tage, Augenblicke, die Sie mit Freude und Dank erfüllten. Aber es gab natürlich auch das andere. Manchmal war es dunkel. Manchmal waren wir unglücklich. Manchmal dachten wir: so kann es doch nicht weitergehen.

Aber es ging weiter. Wir haben auch leidvolle Situationen bestanden. Wir mußten auch Abschied nehmen. Nicht jeder konnte unseren Weg mitgehen bis in diese Stunde hinein.

Gerade im Blick auf diejenigen, die uns nun fehlen, wollen wir an die Liebe denken, die sie uns gaben, an die Zeit, die wir miteinander hatten. Und wenn wir so zurückdenken, dann werden wir auch im Schmerz dankbar bleiben und die Dankbarkeit wird den Schmerz mildern.

Nun sind wir an der Furt des Jabbok angelangt, an der Furt, die das alte vom neuen Jahr trennt und fragen uns im Stillen: Wirst du gut rüber kommen? Wirst du gut durchs neue Jahr kommen?

Es ist ein Segen, wenn man gesund ist, eine liebe Familie hat, gute Freunde, Arbeit und das tägliche Brot und noch einiges mehr, vor allem auch das Bedürfnis unter Gottes Wort zu gehen, das uns alle heute Abend in dieser Kirche verbindet.Aber könnte es nicht sein, daß wir dastehen wie Jakob, der das auch alles hatte und doch wußte: der Segen war ein erschlichener Segen?

Wer wollte denn von sich sagen, bei ihm wäre im zurückliegenden Jahr alles völlig selbstlos und ehrlich gedacht und getan? Wer wollte behaupten: da wäre alles nur zum Besten des anderen gemeint? Das war es auch, aber nicht nur. Am Jabbok holt uns die Vergangenheit ein.

Jakob hatte, das darf ich hier noch einmal in Erinnerung bringen, seinem erstgeborenen Zwillingsbruder Esau den väterlichen Segen für ein Linsengericht abgeschwatzt und sich von dem alten erblindeten Vater Isaak betrügerisch segnen lassen, als sei er der Erstgeborene, als sei er Esau. Und der Betrüger wurde gesegnet. Aber was war das für ein Segen? Und sind nicht auch wir Gesegnete trotz allem, was uns jetzt durch Herz und Sinn gehen mag?

Aber: am Jabbok holt uns die Vergangenheit ein. Jakob, der vor dem Zorn seines Bruders fliehen mußte, hielt es nicht aus in der Fremde. Er wollte heim. Er hatte inzwischen geheiratet, er hatte Familie, hatte Ansehen und er hatte Besitz. Er hatte so großen Besitz, daß er mühelos davon verschenken konnte. Wir haben ja auch einiges, was wir verschenken könnten. Jedenfalls viele von uns. Könnten wir nicht auch einiges abgeben? Jakob hatte sich vorgenommen, seinem Bruder einen Teil des Besitzes als Geschenk anzubieten, um diese dumme Sache aus der Welt zu schaffen. Er hatte ein Angebot im Sinn. Machen nicht auch manche von uns gelegentlich Angebote, um die Sache mit ihrem Esau aus der Welt zu schaffen: mit unserem Bruder, mit unserer Schwester, mit unseren Eltern, mit unserer Frau und mit unserem Mann, mit unseren Kindern, mit so manchem, der uns quer liegt.

Und dann denken wir: Was wollen sie denn noch? Was kann sie denn noch umstimmen, wenn nicht dieses? Es ist keine angenehme Situation, wenn es sich so verhält. Da kann man noch so nette und liebe Menschen um sich haben, letztlich steht man allein vor solchen Fragen so wie Jakob, der da ganz allein hindurch mußte. Komm, Jakob, geh rüber! Komm auch du gut rüber! Also will ich gehen.

Aber da ist ein Widerstand. Da ist der Weg verstellt. Es ist so, als stände auch an der Furt meines Jabboks ein Unbekannter, der mich nicht unbeschwert hindurch lassen will. Kannst du, Unbekannter, wenn du mir schon den Weg verstellst, nicht sagen, was kommt? Von Tag zu Tag hoffe ich, daß es anders wird, daß sich die unerträgliche Spannung löst. Werde ich mit meinem Bruder Esau ins Reine kommen oder wird die Bedrohung vor mir aufsteigen wie eine dunkle Wand?

Warum denke ich eigentlich diese Gedanken? Gerade jetzt, gerade an dieser Stelle, an dieser Furt, an diesem Übergang? Weil immer dort, wo ein Mensch in die Einsamkeit und in die Stille kommt, er zu einem Hörenden wird.

Nicht daß er Stimmen hört, wir sind doch keine Okkultisten, aber er hört die eine Stimme, die ihm sagt: Bis hierher und nicht weiter.

Vorher hatten wir die Stimme nicht so deutlich gehört. Wir hatten Zerstreuung gehabt, wir waren abgelenkt, wir hatten unser Tun, da war so vieles zu besorgen und zu bedenken für diesen Weg, den wir zurückgelegt haben.

Auch Jakob hatte ja alle Hände voll zu tun, um zu dem Ziel zu gelangen, zu dem er gelangen wollte. Da mußten die großen Zelte eingepackt werden, die Viehherden durchgezählt werden, genügend Verpflegung mußte mitgenommen werden, eine Reihe von Besuchen zum Abschied und noch manches andere. Und dann zog man los und war guter Dinge, und man kam auch gut voran trotz mancher Schwierigkeiten. Man war gefordert.

Und nun kam man an diese Stelle. Die Familie und die Knechte und Mägde und das Vieh - alles das war schon auf Anordnung von Jakob hinübergegangen. Nun war man allein. Jakob war allein, der Listenreiche, der alles hatte, nur nicht den Frieden in seiner Seele, der nach außen so zuversichtlich tat und doch von Zweifel und Angst geplagt war. Da stand er nun in der Einsamkeit und Dunkelheit der Nacht. Und die Anfechtung kam über ihn. Aber er gab nicht auf. Wer könnte auch einfach aufgeben? Der Gedanke mag ja immer wieder einmal über einen kommen, aber dann denken wir an unsere Familie, an unsere Freunde, an unsere Aufgabe, an unser Ziel.

Esau kann doch wohl nicht...? Doch, Esau kann, er kann dir alles nehmen, alles! Und Gott? Kann Gott es am Ende zulassen, daß uns alles genommen wird? Und dann sage ich mir: Gott ist doch ein Gott der Liebe und des Lichts! Gott, du hast doch den Weg erhellen wollen und mich bei meinem Namen gerufen. Willst du jetzt zulassen, daß ich zerbreche?

Die Stunde der Einsamkeit, wird die Stunde der Anfechtung. Jakob kämpft. Jakob ringt mit dem, was sich ihm entgegen stellt. Eine Nacht der Anfechtung kann sehr lange dauern, auch wenn man weiß, daß die Mitte der Nacht immer auch der Anfang eines neuen Tages ist. Die Morgenröte kommt. Der Tag bricht an. Der Widersacher will weichen.

Heißt das denn, daß das Ganze nur ein Alptraum war? Ist Gott denn etwa nur ein Hirngespinst, die Vision einer aufgeregten, geängstigten Seele? Nein, das kann nicht sein. Dazu war die Anstrengung zu groß, der Einsatz zu hoch, der Kampf zu anstrengend. Nein: *Ich lasse dich nicht, du segnest mich denn. (27)*

Und da geschieht etwas Merkwürdiges: Gott redet mit Jakob: „Du sollst nicht mehr Jakob heißen." Nicht mehr Betrüger, nicht mehr der Listenreiche. Du sollst nicht mehr den Namen tragen, der dich ausweist als einen, der sich selbst betrügt, der für Segen nimmt, was Segen nicht ist, der für Glück erachtet, was Glück niemals war: *Du sollst nicht mehr Jakob heißen, sondern Israel... (29)*

Israel bedeutet übersetzt: „Gott kämpft". Du bist einer, der mit Gott und mit Menschen gekämpft hat - und gewonnen hat. Das müssen wir noch einmal hören: der mit Gott kämpfte und gewonnen hat.

Daß wir Menschen besiegen können, das haben wir gewußt. Durch was alles können wir Menschen besiegen? Durch gute Worte und Taten, durch Freundlichkeit, durch Hilfsbereitschaft, leider auch durch Gewalt und Brutalität. Aber Gott besiegen - das ist eigentlich ganz unmöglich. Und doch spricht Gott zu Jakob: Du hast mich überwunden. Gott will uns so haben, daß wir um ihn und mit ihm kämpfen und in diesem Kampf nur eine Sehnsucht haben: Du segnest mich denn! Diesen Kampf hättest du nicht bestehen können. Aber er hat sich deiner angenommen.

Ein Theologe sagte zu dieser Stelle: Der Unbekannte zeigt sich als der, der gestorben und auferstanden ist, der sich dir in den Weg stellte, der dich an die Grenze der Belastbarkeit geführt hat, nicht um dich zu vernichten, sondern um dir zu zeigen, wie das ist, wenn man seine ganze Kraft auf ihn werfen muß, um die Vergebung der Schuld und den Segen Gottes zu erlangen. Gezeichnet gehst du aus dieser Stunde, aber gezeichnet zum Leben.

Nicht Israel ist unser Name, sondern auf Christus weist unser Name. So gehen wir ganz bewußt als Christen über den Jabbok, über die Furt eines neuen Jahres in der froh machenden Gewißheit, daß uns - wie wir es vorhin aus der Lesung des Römerbriefes (Römer 8, 39) gehört haben - nichts trennen kann von der Liebe Gottes.

Komm gut rüber! Ja, jetzt sage ich's Ihnen und Euch allen auch: Kommt gut rüber über euren Jabbok, über eure Furt! Kommt gut rüber ins neue Jahr! Und sprecht es dem Jakob nach:

HERR, ich lasse dich nicht, du segnest mich denn! Amen.

Neujahrstag

Predigt über Johannes 1, 43-51

43 Am nächsten Tag wollte Jesus nach Galiläa gehen und findet Philippus und spricht zu ihm: Folge mir nach!

44 Philippus aber war aus Betsaida, der Stadt des Andreas und Petrus.

45 Philippus findet Nathanael und spricht zu ihm: Wir haben den gefunden, von dem Mose im Gesetz und die Propheten geschrieben haben, Jesus, Josefs Sohn, aus Nazareth.

46 Und Nathanael sprach zu ihm: Was kann aus Nazareth Gutes kommen! Philippus spricht zu ihm: Komm und sieh es!

47 Jesus sah Nathanael kommen und sagt von ihm: Siehe, ein rechter Israelit, in dem kein Falsch ist.

48 Nathanael spricht zu ihm: Woher kennst du mich? Jesus antwortete und sprach zu ihm: Bevor Philippus dich rief, als du unter dem Feigenbaum warst, sah ich dich.

49 Nathanael antwortete ihm: Rabbi, du bist Gottes Sohn, du bist der König von Israel!

50 Jesus antwortete und sprach zu ihm: Du glaubst, weil ich dir gesagt habe, dass ich dich gesehen habe unter dem Feigenbaum. Du wirst noch Größeres als das sehen.

51 Und er spricht zu ihm: Wahrlich, wahrlich, ich sage euch: Ihr werdet den Himmel offen sehen und die Engel Gottes hinauf- und herabfahren über dem Menschensohn.

Liebe Gemeinde!

Am Anfang des neuen Jahres liegt der Kalender noch ziemlich unberührt vor uns. Was wird auf diesen weißen und unberührten Kalenderblättern noch alles eingetragen werden? Die erste Eintragung sollte die sein, die wir eben im Lied gesungen haben:

> *Jesus soll die Losung sein, da ein neues Jahr erschienen...*
> *(Ev. Gesangbuch Nr. 62,1)*

Und eben darauf zielt der Predigttext ab: *Jesus soll die Losung sein...* Jesus gilt es zu finden, zu sehen und zu folgen. Das ist der Dreitakt, der zum Glauben gehört: finden, sehen, folgen.

Erstens: Jesus finden.

Kann man Jesus so einfach finden? Offensichtlich ja. Hier ist die Rede von einem Mann namens Philippus, der war zum Glauben gekommen und trifft nun einen alten Bekannten, einen gewissen Nathanael, und sagt zu ihm: *Wir haben den gefunden, von dem Mose im Gesetz und die Propheten geschrieben haben, Jesus, Josefs Sohn, aus Nazareth. (45)*

Gefunden - in diesem Wörtchen kann ja so viel Freude und Dankbarkeit mitschwingen. Jeder weiß, wie glücklich man ist, wenn man z.B. einen verlorenen Schlüssel gesucht und wiedergefunden hat.

Fast alle Menschen sind irgendwie auf der Suche, um etwas Bestimmtes zu finden. Irgendwie gehören das Suchen und das Finden zu unserem Wesen.

Wir suchen Menschen, mit denen wir gern zusammen sind - und wir sind glücklich wenn wir sie gefunden haben.
Wir suchen Arbeit und Beschäftigung - und sind zufrieden, wenn wir meinen, das für uns Geeignete gefunden zu haben.
Wir suchen Anerkennung, Verständnis - und sind befriedigt, wenn wir sie finden.
Wir suchen im Urlaub Erholung - und freuen uns, wenn wir auch da den richtigen Ort gefunden haben. Die einen suchen Zerstreuung, die andern suchen Sammlung. Wie viele suchen die große Liebe, das ganz große Glück. Ich könnte es auch sagen mit einem Buchtitel von Viktor E. Frankl: „Der Mensch auf der Suche nach Sinn".

Kurze Rückblende auf das hinter uns liegende Weihnachtsfest. Auch das Weihnachtsgeschehen läßt sich unter diesem Stichwort "suchen" betrachten. Ich meine das jetzt nicht im Blick darauf, ob Sie passende Geschenke gesucht und gefunden haben. Sondern ich meine es im Blick auf die Weihnachtsgeschichte:
Den Hirten wurde vom Engel gesagt: *Ihr werdet finden das Kind in Windeln gewickelt und in einer Krippe liegen. (Lukas 2,12)*

Und die Hirten suchten im Dunkel der Nacht und *fanden beide, Maria und Josef, dazu das Kind in der Krippe liegen. (Lukas 2,16)*

Und wenig später kamen drei Männer, weit her gereist, in Jerusalem an und fragten: *Wo ist der neugeborene König der Juden? Wir haben seinen Stern gesehen im Morgenland und sind gekommen, ihn anzubeten. (Matthäus 2,2)*

Schließlich kommen sie nach Bethlehem und *fanden das Kindlein mit Maria, seiner Mutter, fielen nieder und beteten es an und taten ihre Schätze auf und schenkten ihm Gold, Weihrauch und Myrrhe. (Matthäus 2,11)*

Wenn ein Mensch Jesus findet, dann geht dem immer ein Handeln Gottes voraus: Der Engel, also ein Bote Gottes, schickte die Hirten - und sie fanden. Eine kosmische Erscheinung, ein leuchtend heller Stern, stand am Himmel und beunruhigte die babylonischen Sterndeuter - und sie fanden. Und hier in unserem heutigen Predigttext ist es Jesus selbst, der einen Menschen blitzartig anrührt, so daß er von einem Augenblick auf den andern zum Glauben kommt und in Jesus den Christus findet.

Christus ist ja kein Zuname wie Meier, Müller, Schulze oder Motschmann, sondern die griechische Übersetzung des hebräischen Wortes für Messias: der Gesalbte, der Bevollmächtigte Gottes.

Für Philippus, der hier zuerst genannt wird, war dieser Jesus zunächst ganz schlicht der Jesus von Nazareth, Sohn eines Zimmermanns. Ich möchte einmal zugespitzt sagen, dadurch daß Jesus den Philippus gefunden hatte, konnte Philippus Jesus als seinen Heiland finden, als den Messias, auf den die Frommen in Israel Jahrhunderte lang gewartet hatten.

Philippus trifft nun Nathanel und sagt ihm, was sich ereignet und wen er gefunden hat. Aber der reagiert ziemlich kühl auf diese Neuigkeit:

Was kann aus Nazareth Gutes kommen! (46)

Das klingt ablehnend, so von oben herab. Dabei hören wir, daß Jesus ihn durchaus positiv sieht, wenn er sagt:

Siehe, ein rechter Israelit, in dem kein Falsch ist. (47)

Ich habe nicht herausbekommen, warum Nathanael, so abfällig über Nazareth redet und das heißt doch letztlich - über die Leute von Nazareth. Lag es daran, daß die Nazarener in Israel so etwas waren, wie die Ostfriesen bei uns, über die manche so ihre Witze machen? Vermutlich lag es daran, daß Nazareth vor Christi Geburt nirgendwo in den biblischen Schriften erwähnt wird - im Gegensatz zu so vielen anderen Orten Israels? Wie dem auch sei: Nathanael ist nicht so schnell zu überzeugen. Philippus aber tut das einzig Richtige. Er sagt nur ganz schlicht und einfach: *Komm und sieh es! (46)*

Und damit komme ich zum Zweiten, was zum Glauben gehört:

Zweitens: Jesus sehen.

Ist Ihnen eigentlich aufgefallen, wie oft hier in diesem Predigttext die Rede vom "Sehen" ist? Ich nenne mal schnell die Stellen: *Kommt und sieh es!* – sagt Philippus dem ungläubigen Nathanael. (46) *Jesus sah Nathanael kommen... (47)*

Jesus zu Nathanael: *Ich sah dich unter dem Feigenbaum. (48)*
Du wirst noch Größeres als das sehen. (50)
Ihr werdet den Himmel offen sehen. (51)

In den neun Versen des Predigttextes ist fünfmal die Rede vom Sehen. Gerade dieses „Komm und sieh!" ist eine ganz großartige Stelle in der Bibel. Diese Worte sagen uns nämlich etwas ganz Wichtiges und Befreiendes. Wir müssen uns nicht ereifern, wenn wir anderen Jesus nahebringen wollen. Wir müssen nicht stundenlange Gespräche und endlose Diskussionen führen, um anderen zu beweisen, daß dieser Jesus von Nazareth der im Alten Testament schon verheißene Messias ist.

Wir brauchen nur das Eine: Wir brauchen nur diese drei Wörter zu sagen: *Komm und sieh!* Zum Beispiel: Wenn es darum geht, ob man am Sonntag in die Kirche gehen soll. Da gibt es ja auch merkwürdige Vorurteile. Was kann denn schon von daher Gutes kommen? Was haben ich davon? Die Pastoren glauben ja selber nicht, was sie sagen. Und überhaupt Kirche - wer geht denn da noch hin?

So - und dann sind Sie dran! Dann müssen Sie nicht mit klugen Argumenten Jesus oder die Kirche verteidigen oder Stellung nehmen: Warum in der Gemeinde A der unmögliche Pastor X noch immer im Amt ist? Und ob die Kirchensteuer nicht besser abgeschafft werden sollte? Und ob die Geschichte von der Jungfrauengeburt nicht ein Märchen sei usw.

Nein, Sie sagen nur: Komm und sieh! Komm doch mal mit in unsere Gemeinde! Komm doch mal mit in den Gottesdienst! Aber zugegeben, das kann man nur überzeugend sagen, wenn man selber überzeugt ist von der Sache - oder genauer gesagt: von Christus, der in seiner Gemeinde lebendig ist.

Philippus war davon felsenfest überzeugt, daß er nicht irgendeinem Mann, sondern Christus begegnet war. Das spürt man aus den wenigen Worten. In der Aufforderung des Philippus liegt eine so herrlich unverkrampft herzliche Einladung.

Wer so sehr wie Philippus davon überzeugt ist, daß aus Nazareth nicht nur Gutes kommt, sondern das Allerbeste, das uns Menschen gegeben werden kann, der kann das gar nicht für sich behalten, der wird es auch seiner Familie, seinen Bekannten und Freunden sagen: "Kommt und seht!"

Wie viele von Ihnen und von Euch sind auf diese Weise zu Christus gekommen? Irgendjemand hatte Sie angetippt: "Komm und sieh Dir das an!" Und dann sind Sie gegangen und sie begegneten nun nicht Christus leibhaftig, wie es damals Nathanael erlebte, aber sie begegneten Christen, die glaubwürdig waren, von denen sie den Eindruck hatten: Die sind echt - und sie hörten auf einmal das Wort Gottes anders, eindrücklicher und persönlicher als vorher.
Genau das passiert immer wieder: Menschen werden von Christus, von seinem Wort so angerührt, daß sie bereit sind, ihm zu folgen. Und damit kommen wir - drittens - zum Entscheidenden.

Drittens: Jesus folgen.

Nicht nur Philippus, sondern auch dieser etwas spröde Nathanael begreift, wer dieser Jesus wirklich ist.

>   Er findet Jesus, weil er zuvor von ihm gefunden worden ist.
>   Er sieht Jesus, weil er zuvor von Jesus gesehen worden ist:
>   Er erkennt Jesus, weil er zuvor von ihm erkannt worden ist.

Nathanael spricht zu ihm: Woher kennst du mich? Jesus antwortete und sprach zu ihm: Bevor Philippus dich rief, als du unter dem Feigenbaum warst, sah ich dich. (48)
Der Feigenbaum, unter dem der Nathanael tatsächlich gesessen haben wird, ist gleichzeitig ein Bild für das Gottesvolk, an dem Gott wie ein Gärtner arbeitet. Das geht aus einer ganzen Reihe von anderen Bibelstellen hervor.
Ich habe dich gesehen unter dem Feigenbaum (50) - heißt in einem hintergründigen Sinn: Ich sah dich als einen, der unter einer Verheißung lebt. Du gehörtest schon zum Volk Gottes, ehe dir ein Mensch von mir erzählte und sagte: *Komm und sieh!*
Aber das Entscheidende wird sein, ob Nathanael, ob Du, ob Sie bereit sind,

ihm zu folgen und ihm nicht nur achtungsvoll zu begegnen. Jesus wird ja durchaus von Millionen Menschen in der ganzen Welt verehrt, auch von Nichtchristen, zum Beispiel von Juden, von Moslems, von Hindus und Buddhisten, sogar von atheistischen Humanisten, die zur Kirche nein sagen, aber ein Ja haben zu Jesus .

Einer der bekanntesten deutschen Philosophen des vorigen Jahrhunderts war der in Oldenburg geborene Karl Jaspers, der vor vierzig Jahren in Basel starb. Jaspers schrieb in seiner Philosophiegeschichte von den „vier maßgebenden Menschen" der Menschheit. Für ihn waren das Sokrates, Buddha, Konfuzius und Jesus.

Jesus war für Karl Jaspers - wie auch die drei anderen Persönlichkeiten - unersetzlich, allgemeingültig, einzigartig, mit einem Wort: verehrungswürdig. Aber Jesus will keine Verehrer haben, sondern Nachfolger. Wir werden nicht bei dem stehenbleiben, was uns in der ersten Begegnung mit Christus, mit dem Wort Gottes, aufgegangen ist. Wir werden vielmehr - wie Jesus hier zu Nathanael sagt - noch viel mehr erkennen: *Du wirst noch Größeres als das sehen. (50)*

Ich finde das so herrlich ermutigend, daß wir uns nicht daran stoßen sollen, wenn wir die eine oder andere Aussage der Bibel nicht auf Anhieb verstehen. Wie viele Dinge der Bibel sind auch mir erst so nach und nach deutlich geworden. Darum hüte ich mich davor, auch nur ein einziges Wort Jesu oder sonst einen Satz der Bibel, mit dem ich meine Schwierigkeiten habe, für unecht, nachträglich eingefügt oder als lediglich zeitbedingt zu begreifen.

In einem Gemeindebrief einer Bremer Kirchengemeinde las ich ganz erstaunliche Worte eines Pastors: "Es fällt mir ... schwer anzunehmen, es gäbe eine allgemein verbindliche Wahrheit." Gut, mag ja sein, daß sich mancher an dem Satz Jesu stößt: *Ich bin der Weg und die die Wahrheit und das Leben; niemand kommt zum Vater denn durch mich. (Johannes 14,6)* Aber darf ich mich deshalb, wenn ich Christ sein will, von dieser Aussage Jesu verabschieden?
Und weiter heißt es in diesem Gemeindebrief: "Von der Vorstellung, Christus sei der Heiland aller Menschen, würde ich mich gern verabschieden. Ich freue mich darüber, wenn andere ihren eigenen Heiland, ihre eigene Erlösung gefunden haben." Da möchte man diesem Pastor sagen: Hab' Geduld, bitte darum, daß Christus dir seine Wahrheit, die du jetzt offenbar noch nicht begreifen kannst, aufschließt.
Natürlich sind viele Aussagen der Bibel in einem zeitbedingten Gewande

ausgesprochen - zum Beispiel, wenn Jesus hier dem Nathanael sagt: *Ihr werdet den Himmel offen sehen und die Engel Gottes hinauf - und herabfahren über dem Menschensohn. (51)*

Zum ersten Mal finden wir hier bei Johannes die geheimnisvolle Bezeichnung "Menschensohn", die man nur versteht, wenn man die Schilderung aus dem Buch Daniel, Kapitel 7, kennt. Da heißt es:
Ich sah in diesem Gesicht (in dieser Vision) in der Nacht, und siehe, es kam einer mit den Wolken des Himmels wie eines Menschen Sohn... (Daniel 7,13)

Da wird einem deutlich, daß es sich hier um eine Persönlichkeit handelt, die von Gott her kommt und mit ihm in einer unzerstörbaren Verbindung und Einheit lebt und bleibt und daß der "offene Himmel" nur ein anderes Wort für die direkte Zuwendung Gottes sein will. Wo Jesus ist, da ist der Himmel offen. Da ist die Liebe Gottes, da ist Vergebung und Erbarmen, da ist Freude und Friede.

Aber davon hängt Ihr Glaube nicht ab, ob Sie das Hintergründige solcher Bilder wie das vom Feigenbaum, vom offenen Himmel, vom Menschensohn deuten können, sondern der Glaube hängt davon ab, ob Sie das dankbar sagen und glauben können:

Jesus, du bist Gottes Sohn, du bist mein Heiland, du sollst der Herr meines Lebens sein. Nathanel, dem frommen Juden, fällt es auf einmal wie Schuppen von den Augen und er bekennt: *Rabbi, du bist Gottes Sohn, du bist der König von Israel! (49)*

So werden wir zu Beginn des Jahres darauf eingestimmt, dass auch das vor uns liegende Jahr unter der Königsherrschaft Christi steht. Möge dieses Jahr uns alles erdenklich Gute bringen, Gesundheit und Zuversicht, Freude und Frieden, Liebe und Geborgenheit in der Familie, im Freundeskreis und vor allem eine innige Gemeinschaft mit unserm Herrn und Heiland.

Jesus finden,
Jesus sehen,
Jesus folgen.

Das soll auch in diesem vor uns liegenden Jahr Ihre Losung sein. Dann wird es auf jeden Fall für Sie ein gutes Jahr werden, was auch kommen mag. Amen.

1. Sonntag nach Epiphanias
Predigt über Jesaja 42, 1-4

1 Siehe, das ist mein Knecht – ich halte ihn – und mein Auserwählter, an dem meine Seele Wohlgefallen hat. Ich habe ihm meinen Geist gegeben; er wird das Recht unter die Heiden bringen.

2 Er wird nicht schreien noch rufen, und seine Stimme wird man nicht hören auf den Gassen.

3 Das geknickte Rohr wird er nicht zerbrechen, und den glimmenden Docht wird er nicht auslöschen. In Treue trägt er das Recht hinaus.

4 Er selbst wird nicht verlöschen und nicht zerbrechen, bis er auf Erden das Recht aufrichte; und die Inseln warten auf seine Weisung.

Liebe Gemeinde!

Mit dem 6. Januar – nach dem weltlichen Kalender ein ganz normaler Wochentag - sind wir nach dem Kalender des Kirchenjahres in die Epiphaniaszeit eingetreten. Am 6. Januar wurde in der frühen Christenheit das nach Ostern zweitälteste christliche Fest begangen. An diesem Tag wurde und wird heute noch die Offenbarung der Göttlichkeit (Epiphanie) des Herrn gefeiert. Die Epiphaniszeit bildet den Abschluss des Weihnachts-festkreises, der mit dem Fest der Geburt Christi am 25. Dezember beginnt. Epiphanias hat seinen Ursprung als Geburtsfest in Ägypten und ist noch heute das Weihnachtsfest orthodoxer Christen.

Der Predigttext für den heutigen Sonntag knüpft an die Botschaft des Weihnachtsfestes an: Jesus Christus ist erschienen als Licht der Welt. Dieses Licht ist seit Weihnachten da und wird nie verlöschen. Es ist da - und sei es auch nur für manche wahrnehmbar als ein glimmender Docht. Aber es geht nicht aus. Es erhellt unser Leben.

Es gibt ja in jedem Leben Dunkelheiten, durch wir hindurchmüssen.

Ich denke an diejenigen unter uns, die Abschied nehmen mußten von einem lieben Menschen.

Ich denke an Menschen, die unter dem Dunkel ihrer Schuldverstrickung leiden.

Ich denke an Menschen, die von dunklen Ahnungen im Blick auf eine Erkrankung gequält werden. Ich denke daran, daß manche von uns Eltern den Weg ihrer Kinder mit Sorge sehen.

Was kann uns trösten, aufrichten, Licht in der Dunkelheit geben? Es ist das Licht, das Gott uns Menschen mitgeteilt hat - z.B. durch die Propheten, wie es Jesaja einer war, besonders aber durch den einen, auf den gerade dieser Prophet besonders nachdrücklich hinweist:

Siehe, das ist mein Knecht... (1)

Mit dem Ausdruck „siehe!" werden in der Bibel immer ganz besonders wichtige Aussagen eingeleitet. „Siehe!" - das bedeutet soviel wie „Achtung!- Aufgepaßt!"

Siehe, das ist mein Knecht – ich halte ihn – und mein Auserwählter, an dem meine Seele Wohlgefallen hat. (1) So spricht Gott durch den Mund des Propheten Jesaja. Wer ist damit gemeint?

Der zweite Teil des Jesaja-Buches enthält eine Reihe von Reden oder Lie-dern, wie man diese Texte auch nennen könnte, die vom „Knecht Gottes" handeln. Dieses ist das erste von insgesamt vier Knecht-Gottes-Liedern.

Mit diesem Ausdruck ist keine unwürdige Abhängigkeit von Gott gemeint, sondern es ist ein Ehrenname „Knecht Gottes" genannt zu werden, so wie in der englischen Sprache das mit dem deutschen Wort „Knecht" verwandte *knigth* einen Adligen bezeichnet, der im Dienst seines Königs steht.

Von diesem Knecht wird Folgendes gesagt:

Erstens: Gott selbst hat ihn auserwählt und ihm seinen Geist gegeben.
Zweitens: Er wird das Recht unter die Heiden bringen.
Drittens: Er wird nicht schreien noch rufen.
Viertens: Er wird das geknickte Rohr nicht zerbrechen und den glimmen-den Docht nicht auslöschen.

In wenigen Versen wird beschrieben, was der Knecht Gottes tut. Ich habe einmal nachgesehen, was ein jüdischer Ausleger zu dieser Stelle sagt.

Ibn Esra, ein berühmter jüdischer Exeget aus dem Mittelalter, schrieb: "Die meisten Erklärer sagten, 'mein Knecht' seien die Gerechten Israels, andere meinten, es sei Kyros gemeint, der König der Perser, der die Juden aus der babylonischen Sklaverei befreite. Das Richtige in meinen Augen - so Ibn Esra -: es ist der Prophet, der für sich selber redet..."

Wenn es so wäre, dann bliebe da eine Spannung zu anderen Aussagen in den vier Gottesknecht-Liedern - vor allem zu Jesaja 53, wo wir lesen:

Fürwahr, er trug unsere Krankheit und lud auf sich unsere Schmerzen.
Wir aber hielten ihn für den, der geplagt und von Gott geschlagen und gemartert wäre. Aber er ist um unserer Missetat willen verwundet und um unserer Sünde willen zerschlagen. Die Strafe liegt auf ihm, auf daß wir Frieden hätten, und durch seine Wunden sind wir geheilt. (53,4-5)

Das alles paßt nur auf einen - auf unsern Heiland Jesus Christus. Und wer da noch Zweifel hat, wer denn nun mit dem Knecht Gottes gemeint sei, der lese Matthäus 12,15-21, wo Christus selbst Wort für Wort den gesamten Abschnitt aus Jesaja 42, unseren heutigen Predigttext, zitiert und auf sich bezieht. Das ist das Besondere, daß in der Botschaft der Propheten, daß Christus unter ihren Worten verborgen da ist. Von diesem Knecht Gottes sagt Jesaja:

Erstens: Gott hat ihn erwählt und ihm seinen Geist gegeben.

Sein Wohlgefallen ruht auf ihn. Unwillkürlich fühlt man sich bei diesem Wort erinnert an den Bericht über die Taufe Jesu. Diesen Bericht haben wir vorhin in der Schriftlesung gehört. Da heißt es: *Und eine Stimme vom Himmel herab sprach: Dies ist mein lieber Sohn, an dem ich Wohlgefallen habe. (Matthäus 3,17)*

Und hier bei Jesaja spricht Gott durch den Mund des Propheten:

Ich habe ihm meinen Geist gegeben. (1)

Es ist niemand über diese Erde gegangen, der so eindeutig von Gott geführt wurde und so eindeutig von seinem Geist erfüllt war, so daß er sagen konnte:

Ich und der Vater sind eins. (Johannes 10,30)

Manche meinen heutzutage: Man dürfe doch nicht so einseitig reden, als stünde Jesus Gott am nächsten. Das könne man doch ebenso von Buddha oder Mohammed oder anderen Religionsstiftern behaupten.

Nein, Buddha oder Mohammed hätten nie gewagt zu sagen:

Wer mich sieht, der sieht Gott.

Alle Religionsstifter waren nur Menschen. Darum - und das ist der nächste markante Unterschied - lastet auf ihrem Leben der Schatten der Sünde. Die Religionsstifter mußten sich erst im Laufe ihres Lebens läutern.

Ganz anders Jesus: Bei ihm gibt es kein Ringen um Läuterung. Christus blieb rein von jeglicher Beschmutzung durch Sünde. Christus konnte seine Gegner, die Schriftgelehrten und Pharisäer mit der Frage herausfordern:

Wer unter euch kann mich einer Sünde zeihen?
(Johannes 8,46)

Keiner konnte es, obwohl sie ihn fortwährend argwöhnisch beobachteten und bespitzeln ließen.

So könnte man noch weitere Unterschiede herausstellen - vor allem auch diesen: Hinter Christus stehen erfüllte Prophezeiungen, wie diese hier von Jesaja, hinter den Religionsstiftern keine einzige. Gott hat ihn - Christus - erwählt, auf ihm ruht sein Wohlgefallen. Mit ihm hat Gott sich selbst unter uns Menschen in einer einzigartigen und nicht mehr zu überbietenden Weise offenbart. Das sind keine frommen Redensarten, sondern nachprüfbare Fakten. Denn von diesem Knecht Gottes prophezeit Jesaja:

Zweitens: Er wird das Recht unter die Heiden bringen.

Hat er das getan? Aber sicher! Das göttliche Recht, das in den berühmten Zehn Geboten in unüberbietbarer Kürze und Präzision zusammengefaßt ist, hat er zu den Heiden gebracht. Es gibt keine vergleichbare Rechtssatzung, die unsere Welt so stark geprägt hätte wie diese. Schon über tausend Jahre vor Christi Geburt waren diese Gebote dem Volk Israel durch Mose gegeben.

Israel war das Gottesvolk. Ihm standen die Gebote ständig vor Augen. Schon den Kindern wurden sie eingeschärft. Aber die Heiden - das heißt im damaligen Sprachgebrauch: die Nicht-Juden - hatten vielerlei Recht und Rechtssatzungen. Erst durch Christus, durch seine Botschaft, die diese Gebote miteinschließt, dringt dieses Recht zu den Heiden vor - selbst in die entlegensten Gegenden der Welt.

Das ist gemeint mit dem Ausdruck: *.. und die Inseln warten auf Weisung.*
Das heißt: die Abgeschnittenen, die Fernen und Fernsten - auch sie sollen die gute Nachricht hören:

> *Ich habe ihm meinen Geist gegeben;*
> *er wird das Recht unter die Heiden bringen. (1)*

Deshalb hat es Jesus nicht ins Belieben der Kirche gestellt, den Heiden das Evangelium zu bringen, sondern er hat der Kirche die Mission befohlen. Es gibt einen Missionsbefehl! Jetzt könnte ich ausführlich berichten über den Ungehorsam in der Kirche gegenüber diesem Missionsbefehl.

Heute sind von den ca. 7 Milliarden Menschen auf unserer Erde etwas über 2 Milliarden Christen. Mehr als eine Milliarde Menschen gehört überhaupt keiner Weltreligion an. Das können wir doch nicht einfach so hinnehmen!

Niemand komme uns mit dem Argument, daß es bei uns in Deutschland vor der eigenen Tür genug Heiden und Aufgaben gibt, für die man sich als Kirche zuerst einmal einsetzen müßte. Das ist auch richtig. Denn wir leben im Land der Reformation mitten unter den Heiden. In manchen Orten in den neuen Bundesländern sind nur noch 10 - 20 Prozent der Bevölkerung eingetragene Mitglieder der Kirche. Aber das alles ist kein Grund, darüber den Rest der Welt zu vergessen!

Mir fällt auf, daß jedesmal, wenn von Weltmission die Rede ist, manche Leute in der Kirche zu Provinzlern werden und so tun, als ob sie nur was für ihre unmittelbare Umgebung übrig hätten. Aber um im Urlaub bis in die letzten Winkel der Erde zu fliegen und sich als Weltbürger aufzuspie-len, dazu sind genug Geldmittel da.

„Die Inseln", so heißt es hier, also die letzten Winkel der Erde, „die Inseln warten auf seine Weisung".

Manchmal wünschte ich, Gott würde sie den Menschen in die Ohren schreien, daß sie aufwachen, daß sie hören, wo es lang geht, damit sie nicht länger in die Irre laufen. Aber - was hören wir hier vom Knecht Gottes?
Drittens: Er wird nicht schreien noch rufen. Natürlich muß auch der Knecht Gottes reden, das gehört zu seinem Auftrag. Aber wie tut er es? Wenn Jesus in ein Dorf kam, schickte er nicht vorher seine Jünger hin, um vor dem Schützenhaus ein Spruchband auf-zuhängen, wie ich es vor einiger Zeit auf einem Foto sah: „Morgen um 10 Uhr Heilungsgottesdienst".

Wenn Jesus Menschen gesund macht, macht er vorher keine Werbung und hinterher keinen Wind. Das Eigentliche, was Jesus tut, also die Heilung ganz innen, also die Vergebung der Schuld, passiert ohne Getöse. Seelsorge vollzieht sich in der Stille. Sie vollzieht sich realtiv geräuschlos, aber nicht wirkungslos.

Wir dagegen stehen in einem Kampf der Meinungen, der lautstark ausgefochten wird. Keine Demonstration, wo nicht mindestens einer mit einem Megaphon - also mit einem Lautsprecher - vorneweg geht.

Der Knecht Gottes redet anders. Er konkurriert nicht mit den Stimmen, die in dieser Welt Macht repräsentieren.

Denken Sie nur einmal einen Augenblick an den Prozeß, der gegen Jesus geführt wurde: Da sitzt der römische Statthalter Pontius Pilatus und er stellt diesen Jesus vor die Volksmenge. Die Menge brüllt und schreit: „Kreuzige ihn!" Und der Knecht Gottes - was wird Jesus tun? Er wird genau das tun, was Jesaja prophezeit hat:

Er wird nicht schreien noch rufen, und seine Stimme wird man nicht hören auf den Gassen. (2)

Viertens: Er wird vor allem, das geknickte Rohr nicht zerbrechen und den glimmenden Docht nicht auslöschen.

So handelte Gott am Volk Israel. Viele in diesem Volk meinten, sie würden in der babylonischen Sklaverei irgendwann aufgerieben und ihre Identität als das Volk Gottes würde irgendwann zerbrechen, auslöschen.

Nein: *Das geknickte Rohr wird er nicht zerbrechen, und den glimmenden Docht wird er nicht auslöschen.(3)*

Hunderte von Jahren danach, fürchteten die Jünger Jesu, daß mit dem Karfreitag die Hoffnung, daß dieser Jesus der Heiland Gottes sei, zerbrochen, ausgelöscht.
Nein: *Er wird das geknickte Rohr nicht zerbrechen und den glimmenden Docht nicht auslöschen.*

Jetzt komme ich auf den Anfang zurück. Ich wies auf die vielen Menschen hin, die im Dunkeln leben, die nur - oder vor allem - das Dunkle sehen. Sie sehen menschlich gesprochen keinen Ausweg.

Und sie hören hier: *Er wird das geknickte Rohr nicht zerbrechen und den glimmenden Docht nicht auslöschen.*

Bei diesem Bild kann man an ein schwankendes Schilfrohr im Winde denken oder an eine Kerze, die in Zugluft steht und nur noch flackert.

Wie viele Menschen gleichen diesem Bilde!
Wie viele auch unter uns?!
Wie viele fühlen sich geknickt und sehen ihr Lebenslicht flackern?

Dazu fällt mir folgende Begebenheit ein: Wenn wir als Kinder am Weihnachtsbaum saßen und die brennenden Kerzen betrachteten, dann war es ein beliebtes Spiel, einen Tip abzugeben, welche Kerze wohl am längsten brennen würde. Da gab es ganz erstaunliche Beobachtungen. Manche Kerze, die so ruhig und stark brannte, verlöschte auf einmal unverhofft schnell. Und eine andere, die so vor sich hinflackerte, daß wir ihr keine drei Minuten mehr gegeben hatten, brannte und brannte. An eine solche Kerze muß ich immer bei diesem Bibelwort denken.

Manche, die so fest und mit starker Ausstrahlung vor uns stehen, brechen plötzlich zusammen. Und andere, deren Lebenslicht im wahrsten Sinne des Wortes nur noch flackert, die überdauern die andern Lichter.

Diese Rede vom genickten Rohr und vom glimmenden Docht steht aller-dings - wie wir bereits gehört haben - in einem Zusammenhang, in dem vom Recht die Rede ist:
In Treue trägt er das Recht hinaus.(3)

Das ist insofern interessant für die Auslegung, weil das hebräische Wort, das hier für „Recht" steht, auch die Bedeutung „Gericht", „Gerichtsurteil" hat. Und damit werden wir erinnert an eine Sache, die aus dem Gerichts-leben füherer Zeiten stammt. Bei Gericht wurde in schweren Fällen über dem Schuldigen der Stab gebrochen als Zeichen des Todesurteils.

Stellen Sie sich einmal einen Augenblick vor: Sie stünden jetzt schon vor dem himmlischen Richter. Wer könnte vor Gott bestehen? Im Geist hört man schon das Knacken des Stabes. Und nun heißt die sensationelle Urteilsverkündung von Gottes Knecht: Es ergeht Gnade vor Recht.

Die Schuldigen, über denen der Stab des Todesurteils schon zerknickt ist, sollen leben. Und das geschieht, weil Gott an einer anderen Stelle den Stab gebrochen und die Lampe gelöscht hat: am Kreuz, wo Jesus an unserer Stelle starb.

Ein paar Kapitel weiter heißt es bei Jesaja (Kap. 53): *Mein Knecht, der Gerechte, wird viele gerecht machen, denn er trägt ihre Sünden.*

Hier wird die tiefste Bedeutung des Titels „Knecht Gottes" deutlich. Ein Knecht ist dazu da, die schwerste, niedrigste Arbeit zu machen. Der Knecht Gottes packt das schwerste Problem der Menschheit an: die Sünde.

Wovor sich alle Religionen drücken, wovor Philosophen, Psychologen und Wissenschaftler hilflos sind, wofür Politiker keine Lösung haben - da bringt der Knecht Gottes die Lösung, die Erlösung, indem er den Menschen die Sünde ab- und auf sich nimmt:
Fürwahr, er trug unsere Krankheit und lud auf sich unsere Schmerzen...

Aus der Welt der Götter und Religionen werden uns wundersame Dinge berichtet - erhabene Gedanken, erhebende Geschichten, erlauchte Gestalten - aber daß einer herunterkommt ins Elend, das hat man noch nie woanders gehört. Das ist neu, das ist die unerhörte und große Neuigkeit der Weltgeschichte, die jedem in der Welt mitgeteilt werden muß.

Der Knecht Gottes steht uns zur Seite:

> Gott selbst hat ihn auserwählt und ihm seinen Geist gegeben.
> Er wird das Recht unter die Heiden bringen.
> Er wird nicht schreien noch rufen.
> Er wird das geknickte Rohr nicht zerbrechen und den glimmenden Docht nicht auslöschen.

Das ist es, was unser Leben zuversichtlich und hell macht - auch in allen Dunkelheiten dieser Welt. Amen.

Gründonnerstag

Predigt über 1. Korinther 11, 23-29

23 Denn ich habe von dem Herrn empfangen, was ich euch weitergegeben habe: Der Herr Jesus, in der Nacht, da er verraten ward, nahm er das Brot,

24 dankte und brach's und sprach: Das ist mein Leib, der für euch gegeben wird; das tut zu meinem Gedächtnis.

25 Desgleichen nahm er auch den Kelch nach dem Mahl und sprach: Dieser Kelch ist der neue Bund in meinem Blut; das tut, sooft ihr daraus trinkt, zu meinem Gedächtnis.

26 Denn sooft ihr von diesem Brot esst und aus dem Kelch trinkt, verkündigt ihr den Tod des Herrn, bis er kommt.

27 Wer nun unwürdig von dem Brot isst oder aus dem Kelch des Herrn trinkt, der wird schuldig sein am Leib und Blut des Herrn.

28 Der Mensch prüfe aber sich selbst, und so esse er von diesem Brot und trinke aus diesem Kelch.

29 Denn wer so isst und trinkt, dass er den Leib des Herrn nicht achtet, der isst und trinkt sich selber zum Gericht.

Liebe Gemeinde!

Vor Jesu wissendem Blick steht die Nacht, in der er verraten wird. Er täuscht sich nicht über den Ablauf der kommenden Ereignisse. Auf Verrat und Gefangenschaft wird mit grausamer Zwangsläufigkeit folgen: Verhör, Verleumdung, Geißelung und der bittere Kreuzestod.

Das alles wäre Grund genug, in einer solchen Lage nur noch für sich selbst besorgt zu sein. Aber auch die letzten Stunden vor dem bangen Aufbruch, der in eine Nacht ohnegleichen hineinführt, stehen unter dem Vorzeichen: für euch. *Wie er die Seinen geliebt hatte, die in der Welt waren, so liebte er sie bis ans Ende." (Johannes 13, 1)*

Jesus stiftete bei der Mahlzeit, die ihn zum letzten Mal mit seinen Jüngern vereint, eine Feier zum Gedächtnis an sein geopfertes Leben. Dieses Mahl steht im Zentrum eines der jüdischen Hauptfeste, das den Namen Passa trägt, hebräisch *pessach*, übersetzt: Verschonung.

Dieses Fest ist die Vergegenwärtigung eines dramatischen Kapitels in der Geschichte des Volkes Israel. Das Volk Israel wurde verschont von dem Würgeengel, der zur Zeit des Mose durch Ägypten zog – nachzulesen im 2. Buch Mose, Kapitel 12. Unter der Leitung des Mose konnten die Israeliten aus Ägypten ausziehen und nach einer 40jährigen Zeit in der Wüste in das gelobte Land einziehen. Jesus hat mit seinen zwölf Jüngern dieses Fest gefeiert und damit aus der jüdischen Tradition heraus das christliche Abendmahl gestiftet.

Die Worte zur Einsetzung des Abendmahls sind uns in der Bibel viermal überliefert, und zwar in den Evangelien von Matthäus, Markus und Lukas und außerdem in dem soeben vorgelesenen Bericht des Paulus. Der Bericht des Paulus ist zeitlich der älteste, vermutlich im Jahr 55 niedergeschrieben.

Paulus schreibt: *Denn ich habe von dem Herrn empfangen, was ich euch weitergegeben habe... (23)*
Und dann folgen die Worte, die wir in jeder Abendmahlsfeier hören: *Der Herr Jesus Christus, in der Nacht, da er verraten ward ... (23)*

So beginnen diese Worte. Die Kirche tat sich schwer mit der Entscheidung, welche Fassung dieser Worte sie nehmen sollte - die von Paulus, die von Matthäus oder Markus oder Lukas? Alle vier sind ja einander sehr ähnlich. Was hat man gemacht? Man hat die vier Fassungen nebeneinander gestellt und aus jeder etwas genommen. So ist der Text entstanden, den ich nachher sprechen werde.

Jesus hielt das Abendmahl in Verbindung mit dem Passamahl, das er mit seinen Jüngern zu Tische liegend am Abend vor seinem Tod feierte. Ein solches Passamahl hatte und hat heute noch einen ganz festen Ritus. Bis zum Eintritt der Dunkelheit solle man nichts essen. Die Feier beginnt mit dem Segensspruch des Hausvaters über den ersten Becher Wein, der dann herumgereicht und von allen geleert wird. Dann wird die Vorspeise aus Kräutern und Fruchtmus, dann das Hauptmahl mit dem gebratenen Lamm aufgetragen, dazu ein zweiter Weinbecher. Dazu erzählt der Hausvater die Auszugsgeschichte nach 5. Mose 26,5-11
Dabei deutet er die Bestandteile des Passamahles: Das Lamm zeige, „dass Gott an den Häusern unserer Väter vorüberging", die Matzen, „weil sie erlöst wurden", die Bitterkräuter, „weil die Ägypter verbitterten" . Jeder Festteilnehmer solle sich ansehen wie einen damaligen befreiten Israeliten und Gott deswegen mit Lobpsalmen (Hallel) verherrlichen. Diesem ersten gemeinsamen *Hallel* folgt ein Dankgebet, der zweite Becher wird getrunken und das Hauptmahl eingenommen.
Danach folgt der dritte, nach dem zweiten Hallel der vierte Weinbecher.

Jeder dieser Freudenbecher steht für ein Versprechen, das Gott dem Volk Israel damals vor der Befreiung aus Ägypten gegeben hatte.

Diese Verheißungen sind nachzulesen im 2. Buch Mose 6. 6 f. Da heißt es: *Ich bin der HERR und will euch wegführen von den Lasten, die euch die Ägypter auferlegt haben, und will euch erretten von eurem Frondienst und will euch erlösen mit ausgestrecktem Arm und durch große Gerichte; ich will euch annehmen zu meinem Volk und will euer Gott sein ...*

Wegführen, erretten, erlösen, annehmen - das sind Gottes Heilstaten an seinem Volk - damals wie heute. Wie vielen Menschen möchte man dieses zurufen und ans Herz legen:

Laßt euch wegführen aus der Umgebung, die euch ruiniert.
Laßt euch erlösen durch Christus zu einem neuen Leben.
Laßt euch erretten aus verderblichen Einflüssen.
Und laßt euch annehmen als Kinder Gottes.
Dafür stehen also die vier Becher bzw. Kelche mit Wein.

Ja, mit Wein, nicht mit Saft. Ich spreche einmal diesen Punkt aus gegebenem Anlaß an. In einem soeben gerade erschienen Gemeindebrief einer unserer Nachbargemeinden heißt es: Im Predigerkreis sei man übereingekommen: „Wir wollen das Abendmahl in unserer Gemeinde statt mit Wein in Zukunft mit Traubensaft feiern."

Wir wissen: dahinter steht die ernste Sorge um die Menschen, die jede Form von Alkohol meiden müssen. Gut, das ist zu verstehen. Nicht verstehen kann ich allerdings den Hinweis im Gemeindebrief, daß mit dem Gewächs des Weinstocks nicht unbedingt Wein gemeint sein müsse. Ja, will man denn nicht zur Kenntnis nehmen, daß Jesus mit seinen Jüngern das Passahmahl gefeiert hat? Und beim Passahmahl wird nicht Traubensaft gereicht, sondern Wein.

Wer meint, er könne keinen Wein zu sich nehmen, der ist deshalb doch nicht vom Abendmahl ausgeschlossen. Der möge mit einer Handbewegung zeigen, daß er den Wein nicht nehmen möchte. Wie oft habe ich diese Handbewegung bei der Austeilung des Abendmahls gesehen - und nicht ein einziges Mal hat es dadurch Probleme gegeben oder Gerede über die betreffenden Personen.

Kehren wir zurück zum Passamahl, das Jesus nach jüdischer Ordnung hielt. Was würden wir darum geben, wenn wir den Wortlaut der Andacht bekommen könnten, die Jesus bei diesem Abendmahl gehalten hatte.

Wir dürfen vermuten, daß er dabei eine Verbindung zwischen dem Lamm, dem Brot, dem roten Wein und sich gezogen hat. Aus den wenigen uns überlieferten Worten klingt diese Verbindung deutlich hindurch.

Paulus überliefert uns die entscheidenden Worte: *Er nahm das Brot, dankte und brach's und sprach: Das ist mein Leib, der für euch gegeben wird; das tut zu meinem Gedächtnis. (24)*

Und ebenso: *Desgleichen nahm er auch den Kelch nach dem Mahl und sprach: Dieser Kelch ist der neue Bund in meinem Blut; das tut, sooft ihr daraus trinkt, zu meinem Gedächtnis. (25)*

Der Bezug zu seinem Sterben wird dann ganz deutlich: *Denn sooft ihr von diesem Brot eßt und aus dem Kelch trinkt, verkündigt ihr den Tod des Herrn, bis er kommt. (26)*

Die Jüngern werden diese in diesem Augenblick nicht so recht verstanden haben. Ja, damals in Ägypten, da spielte Blut eine Rolle. Die Türpfosten waren mit dem Blut des Passalammes bestrichen worden, damit die Häuser der Israeliten durch diese Kennzeichnung, die Gott dem Mose und seinem Bruder Aaron aufgetragen hatte, verschont blieben. Das Blut des Lammes war das Erkennungszeichen. Das Blut hatte sie gerettet.

Erst nach der Kreuzigung und Auferstehung Jesu ging den Jüngern ein Licht auf. Da kamen sie zur Klarheit. Da ging ihnen der Zusammenhang voll auf. Am Gründonnerstag hatten sie das noch nicht verstehen können. Überhaupt haben sie vieles erst im Rückblick verstanden.

Aber so ist das im Leben, auch im Glaubensleben. Wie oft widerfährt uns etwas, was wir zunächst nicht verstehen, nicht recht einordnen können, vielleicht sogar widersinnig empfinden. Und erst später im Rückblick fällt es uns wie Schuppen von den Augen und wir erkennen, wozu es geschah.

Kürzlich war ich zu einer Geburtstagsfeier eingeladen. Ich begegnete dort einer jungverheiratete Frau, die gerade mit ihrem Mann vom Winterurlaub zurückgekommen war. „Sie sind Pastor. Ich möchte Ihnen etwas berichten. Ich habe etwas Sonderbares erlebt. Mein Mann war nicht bereit gewesen, mit mir auch nur ein einziges Mal die Stadt anzusehen, in der wir unsere Unterkunft hatten. Er wollte nur Schi laufen und abends im Hotelzimmer fernsehen. Da bin ich allein losgegangen. Ich kam an einer Kirche vorbei. Menschen gingen da hinein. Was war da los? Ich ging auch hinein. Eine Abendandacht. Ich war auf einmal so ergriffen von dem, was ich dort hörte. Zur Verwunderung meines Mannes kam ich gar nicht beleidigt, sondern glücklich und dankbar ins Hotel zurück." Erst im Nachhinein wurde ihr deutlich, daß dieser Tag einer ihrer schönsten und wichtigsten in ihrem Leben sein würde.

Die Jünger hatten es erst nach Ostern begriffen, was ihnen mit Gründonnerstag geschenkt worden war. Aber nicht nur ihnen, sondern auch uns. Was wird uns denn mit Gründonnerstag geschenkt? Das Abendmahl, so wie wir es feiern, verbindet das Gedenken an das letzte Mahl Jesu mit dem Gedanken an die Vergebung, die er durch sein Sterben für uns erwirkt hat.
Wir hören beim Abendmahl die Worte: *Für euch gegeben... zur Vergebung der Sünden ...*

Jeder Mensch braucht, ob er es wahrhaben will oder nicht, die Vergebung der Schuld. Man müßte schon sehr überheblich und unsensibel sein, wenn man von der Vergebung nichts hielte. Unzählig viele Menschen sind allein dadurch unglücklich, sogar krank geworden, weil sie meinten, sie könnten unversöhnt leben.

Der Sohn Gottes versöhnt uns mit Gott. Er führt uns hinein in das Kraftfeld der Gnade Gottes. In seinem Geist ist ein neuer Anfang möglich. Ist Ihnen eigentlich schon einmal so recht bewußt geworden, daß im Vaterunser die Bitte um Vergebung durch das Wörtchen *und* verbunden ist mit der vorangehenden Bitte um das tägliche Brot?

Das heißt doch: Beides braucht der Mensch zum Leben - Brot und Vergebung. Wenn wir Brot und Wein am Tisch des Herrn gläubig empfangen, werden wir hineingenommen in die Gemeinschaft mit ihm. Christus will in uns hineinwirken. Es geht nicht nur um seinen Leib, an dem wir Anteil bekommen, sondern es geht auch um unseren eigenen Leib, um unsere eigene Persönlichkeit.

Jesus will hinein in unsere Herzen, damit sie sich nicht für andere verschließen, sondern sich für viele öffnen.

Jesus will hinein in unsere Hände, damit sie das tun, was er geboten hat.

Jesus will hinein in unsere Füße, damit sie herunterkommen von den Wegen, die von ihm wegführen und dorthin kommen, wo er die Ziele setzt.

Er will in den Kopf hinein, in dem so manches Ungeordnete durcheinander geht und will uns den Mund öffnen zum Bekennen unserer Schuld, zur Bitte um Vergebung, zum Loben und Danken und zum Segnen.

Darum laßt uns zum Tisch des Herrn treten mit der Bitte: Herr, komm zu mir! Wirke! Vergib! Erneuere! Amen.

Karfreitag

Predigt über Jesaja 53, 1-12

1 Wer glaubt dem, was uns verkündet wurde, und wem ist der Arm des HERRN offenbart?

2 Er schoss auf vor ihm wie ein Reis und wie eine Wurzel aus dürrem Erdreich. Er hatte keine Gestalt und Hoheit. Wir sahen ihn, aber da war keine Gestalt, die uns gefallen hätte.

3 Er war der Allerverachtetste und Unwerteste, voller Schmerzen und Krankheit. Er war so verachtet, dass man das Angesicht vor ihm verbarg; darum haben wir ihn für nichts geachtet.

4 Fürwahr, er trug unsre Krankheit und lud auf sich unsre Schmerzen. Wir aber hielten ihn für den, der geplagt und von Gott geschlagen und gemartert wäre.

5 Aber er ist um unsrer Missetat willen verwundet und um unsrer Sünde willen zerschlagen. Die Strafe liegt auf ihm, auf dass wir Frieden hätten, und durch seine Wunden sind wir geheilt.

6 Wir gingen alle in die Irre wie Schafe, ein jeder sah auf seinen Weg. Aber der HERR warf unser aller Sünde auf ihn.

7 Als er gemartert ward, litt er doch willig und tat seinen Mund nicht auf wie ein Lamm, das zur Schlachtbank geführt wird; und wie ein Schaf, das verstummt vor seinem Scherer, tat er seinen Mund nicht auf.

8 Er ist aus Angst und Gericht hinweggenommen. Wer aber kann sein Geschick ermessen? Denn er ist aus dem Lande der Lebendigen weggerissen, da er für die Missetat meines Volks geplagt war.

9 Und man gab ihm sein Grab bei Gottlosen und bei Übeltätern, als er gestorben war, wiewohl er niemand Unrecht getan hat und kein Betrug in seinem Munde gewesen ist.

10 So wollte ihn der HERR zerschlagen mit Krankheit. Wenn er sein Leben zum Schuldopfer gegeben hat, wird er Nachkommen haben und in die Länge leben, und des HERRN Plan wird durch seine Hand gelingen.

11 Weil seine Seele sich abgemüht hat, wird er das Licht schauen und die Fülle haben. Und durch seine Erkenntnis wird er, mein Knecht, der Gerechte, den Vielen Gerechtigkeit schaffen; denn er trägt ihre Sünden.

12 Darum will ich ihm die Vielen zur Beute geben und er soll die Starken zum Raube haben, dafür dass er sein Leben in den Tod gegeben hat und den Übeltätern gleichgerechnet ist und er die Sünde der Vielen getragen hat und für die Übeltäter gebeten.

Liebe Gemeinde!

Warum Karfreitag? Warum das Leiden Christi? Warum das Kreuz? Diese Fragen bewegen uns an einem Tag wie heute besonders. Und wir wollen sie beantworten aus der Schriftlesung des Alten Testaments. Das mag ungewöhnlich klingen. Aber es ist so: Was wir soeben aus dem Propheten Jesaja gehört haben, ist eine vorweggenommene Deutung des Leidens Christi. Es ist nicht so, daß nur das Neue Testament das Alte Testament auslegt, sondern das Alte Testament legt auch das Neue aus.

Jesaja 53 legt die Passionsberichte der Evangelisten aus.

Wer glaubt dem, was uns verkündet wurde? (53,1)

So steht es am Anfang unseres Predigttextes. Wer glaubt dem, dass hier im Alten Testament unter dem Begriff "Knecht Gottes" (52,13) Christus verkündigt wird? Wer glaubt dem, daß es hier um eine zentrale Frage des Glaubens geht? Wer glaubt dem, daß es hier bei dieser Botschaft um uns ganz persönlich geht?

Das war offensichtlich schon eine Zumutung für die Menschen hunderte von Jahren vor Christus. Wie sollte denn ein Volk, das sich das Kommen des Messias in Glanz und Gloria vorstellte, mit einer solchen Elendsgestalt identifizieren?

Mit einer Person, von der es hier heißt: *Er hatte keine Gestalt und Hoheit... Er war der Allerverachteteste und Unwerteste, voller Schmerzen... Er war so verachtet, daß man das Angesicht vor ihm verbarg... (53,2 f.)*

Wir machen uns ja kaum eine Vorstellung davon, wie schrecklich ein Gekreuzigter aussieht. Ich will Ihnen eine ausführliche Beschreibung ersparen. Und von einer solchen Gestalt sollte Hilfe und Rettung kommen?

Wir wissen, wie die Geschichte weiterging. Wir wissen, daß es sich bei dieser Gestalt tatsächlich um Christus handelt. Wir wissen, daß der Prophet tatsächlich in einer überwältigenden Vision geschaut hat, was nur auf Christus zutrifft. Denn von welchem Menschen hätte man sagen können: *daß er niemand Unrecht getan hat und kein Betrug in seinem Munde gewesen ist? (9)*

Das trifft nur auf einen zu, auf den Einen von Gott Gesandten. Er trug unsere

Krankheit und Schmerzen, unsere Missetat und Sünde, unsere Strafe, "auf daß wir Frieden hätten", und er öffnete den Weg des Heils zu allen Völkern. Das ist die Botschaft der Bibel - hier in diesen wenigen Sätzen auf den Punkt gebracht!

Erstens: Er trug unsere Krankheit und lud auf sich unsere Schmerzen (4).

Wer tut das schon, sich das Leid eines andern aufbürden? Nur der, der diesem anderen in einer ganz großen Liebe verbunden ist. Und genau das war Jesus. Wie sehr hat er die Menschen geliebt! Jesus ist letztlich dafür gekreuzigt worden, daß er so liebte, wie er es tat.

Wer liebend für einen anderen da ist, der möchte alles teilen: Freud und Leid, die hellen und die dunklen Stunden, der möchte es nicht besser haben, wenn der Geliebte durch Abgründe hindurch muß. Gerade dann möchte er ganz bei ihm sein.

Hat nicht manche Mutter am Bett ihres schwerkranken Kindes gedacht: Ach, wenn es doch möglich wäre, ich würde das Leiden meines Kindes gern auf mich nehmen - wenn es nur möglich wäre.

Oder der Mann, der seine Frau in Schmerzen sieht: Wenn ich ihr doch die Schmerzen abnehmen könnte; ich kann es ja kaum mit ansehen. Unter uns ist jemand, dessen Frau genau heute vor einem Jahr starb; sie war die Mutter der Familie, die Seele des Hauses.

Lieben heißt teilen - alles teilen: Freud und Leid! Darum bleibt der Sohn Gottes nicht im Himmel, nicht in irgendeinem Abseits, nicht auf einem sicheren Beobachtungsposten, sondern er will ganz bei uns sein.

Hier liegt übrigens auch die letzte Antwort auf die Frage, warum Christus einmalig ist und unvergleichbar mit allen Religionsstiftern. Sie alle sagen wohl: Es gibt das Göttliche und es kommt auf den Menschen an! Und sie zeigen interessante Wege auf, wie der Mensch angeblich zum Göttlichen gelangen könne.
  Sie zeigen auf, was er tun muß und was er lassen muß. Aber sie selbst bleiben auf ihrem Beobachtungsposten, sie lehren und unterweisen, sie raten und mahnen aus sicherer Distanz, aber sie teilen nicht, sie machen keine Anstalten, Freud und Leid mit allen Menschen teilen. Weder von Buddha noch von Konfuzius noch von Mohammed oder einem anderen könnte gesagt werden:

Fürwahr er trug unsere Krankheit und lud auf sich unsere Schmerzen.(4)

Sie geben zwar alle vor, dem Menschen helfen zu wollen, für ihn ganz da zu sein. Es gehe ihnen um den Menschen. „Auf den Menschen kommt es an!" - das stimmt. Wer das sagt, liegt immer richtig.

Darum sagen es auch so viele, weil es gut klingt und gar nichts kostet. Neulich las ich von einer großen Wohltätigkeitsveranstaltung, die auch unter diesem Motto hätte stehen können: "Auf den Menschen kommt es an!" Viel Prominenz war versammelt! Allein die Kleider und Roben der Damen, die zum Teil extra für dieses Ereignis gekauft worden waren, machten ein Zigfaches von dem aus, was nachher für den guten Zweck gespendet wurde. Trotzdem sollten wir dankbar sein, dass solche Veranstaltungen stattfinden und bei dieser Gelegenheit für einen guten Zweck gespendet und damit irgendeine Not an irgendeinem Ort gelindert wird.

Von Jesus wird allerdings an keiner Stelle berichtet, dass er Geld hin zu den Armen transferiert hätte. Er hat sich vielmehr selber transferiert in die Nöte dieser Welt. Der Gekreuzigte gibt nicht mit der linken Hand ein Almosen, sondern er gibt sich selbst. Darin zeigt sich seine einzigartige Liebe und nur dadurch wird er unser Bruder. Aber solche Liebe wird leicht als Schwäche mißverstanden. Der Schriftsteller Thomas Mann hat sicherlich recht, wenn er im "Tonio Kröger" sagen läßt: "Wer am meisten liebt, ist immer der Unterlegene."

Und doch lebt unsere Welt und jeder in ihr von dieser Liebe, die bereit ist zum Selbstopfer. Das tat Christus: *Er trug unsere Krankheit und lud auf sich unsere Schmerzen. (4)*

Zweitens: Er trug unsere Missetat und Sünde.

Jesaja sagt es so: *Er ist um unserer Missetat verwundet und um unsrer Sünde willen zerschlagen." (5)*

Wie nahe ging Christus das Schicksal der Menschen. Als er seinen schweren Gang nach Jerusalem antrat in dem Wissen, daß ihm dort Kreuz und Leiden bevorstand, da hat er geweint - nicht über sich, nicht über das, was ihm bevorstand, sondern darüber, daß sie nicht sahen, was zu ihrem Heil dient. Lukas 19,41-44) Christus weinte über die Sünde der Menschen, die sich sicher wähnten und nicht ahnten, daß sie sich bereits das Gericht auf den Hals geladen hatten.

In Israel gibt es einen großen Tag - im alten wie im neuen Israel - den Tag der Versöhnung: Yom Kippur. An diesen Tag wird diese Bitte in den Mittelpunkt gestellt: "Herr, vergib uns unsere Schuld, auch unsere unerkannte Schuld."

Der Karfreitag ist unser Yom Kippur! Was Schuld ist, weiß jeder. Und wer sich die Zehn Gebote ansieht, der weiß auch sehr genau, wo und wie er gefehlt hat. Aber es gibt auch unerkannte Schuld. Woher kommt diese unerkannte Schuld? Sie greift dort nach uns, wo wir nicht konsequent aus dem Wort Gottes leben. Schuld bedeutet Gottesferne! (Vgl. David Jaffin: Das Jesaja-Evangelium. 1992, S. 101)

Wie oft leben wir eben doch für uns selbst, für unsere Wünsche und Ziele! Sünde ist die Reduzierung des Menschen auf sich selbst. Auch die engsten Jünger des Herrn machten sich schuldig:

Judas verriet den Herrn. Petrus, der sich eben noch rühmte, daß er mit Jesus in den Tod gehen wolle, verleugnet kurze Zeit darauf seinen Herrn - und flieht.

Wie oft tun wir das auch in unserer Art und Weise? Wie oft verdrängen wir Gott und sein Wort? Wie oft verletzen wir andere durch Worte, Taten und Gedanken, ohne daß wir es merken? Wie oft bekennen wir uns nicht als Christen, wenn wir es tun müßten? So tief geht unsere Schuld, unsere Gottesferne, die Jesus ans Kreuz gebracht hat. Aber er hat dies alles aus seiner großen Liebe heraus getragen, ertragen, erduldet... Noch am Kreuz konnte er für seine Peiniger beten: *Vater, vergib ihnen; denn sie wissen nicht, was sie tun! (Lukas 23,34)*

Ist es Ihnen eigentlich aufgefallen, daß der Prophet auch dieses vorausgesagt hat?
...er ist den Übeltätern gleichgerechnet... und hat die Sünde der Vielen getragen und für die Übeltäter gebeten. (12)

Damit stoßen wir ins Zentrum der biblischen Botschaft überhaupt vor.

Drittens: Er ertrug unsere Strafe, auf daß wir Frieden hätten.

Schuld verlangt Sühne. Wer aber könnte vor Gott bestehen, wenn unsere Schuld wie in einem Gerichtsverfahren zur Verhandlung stünde.

Es wird vielen immer ein Rätsel bleiben, warum dieser Eine - Christus - der Schuldlose, so grausam hingerichtet wurde.

Ein paar klärende Worte in dem Verhör vor dem römischen Statthalter Pontius Pilatus - und dieser hätte ihn sehr wahrscheinlich laufen lassen. Aber wohin hätte denn Jesus laufen sollen? Es war ja sein vorgezeichneter Weg, den er ging. Es war ja sein durch die Verkündigung vorbereiteter Opfergang. Und mit diesem Opfer zeigte er, wie blutig ernst es ihm mit seiner Liebe zu den Menschen war:

Als er gemartert ward, litt er doch willig und tat seinen Mund nicht auf wie ein Lamm, das zur Schlachtbank geführt wird; und wie ein Schaf, das verstummt vor seinem Scherer, tat er seinen Mund nicht auf. (7)

Das ist das Geschehen von Karfreitag. Und darüber steht die Botschaft von Karfreitag, der Satz, der zu den wichtigsten der ganzen Bibel gehört:

Die Strafe liegt auf ihm, auf das wir Frieden hätten... (5)

Darum also geschah es. Was nimmt uns denn den inneren Frieden? Ist es nicht vor allem die Missetat und Sünde, von der wir soeben sprachen? Das ist das Geheimnis von Golgatha, das uns unüberbietbar deutlich wird, daß Missetat und Sünde nur durch die Vergebung Christi ausgelöscht werden und wir nur so den Frieden kommen, der höher ist als alle Vernunft.

Einer der größten Spötter des Christentums im 18. Jahrhundert war der Franzose Voltaire. Er sagte einmal in der ihm eigenen zynischen Art, man solle nur tüchtig sündigen, damit Gott nicht arbeitslos würde, denn Vergebung sei ja sein Metier - sein Gewerbe. Nein, das ist es gerade nicht. Die Bibel sagt uns, daß die Vergebung nicht ein Freibrief ist, um kräftig drauflos zu sündigen, sondern *was der Mensch sät, wird er ernten. (Galater 6, 7)*

Vergebung ist nur für den da, der unter seiner Schuld leidet und der sie unter das Kreuz von Golgatha bringt. Nur der bekommt Frieden. Vergeßt es nie und nimmer, was die Bibel sagt: *Ihr seid teuer erkauft! (1. Korinther 7,23)*

Ihr seid teuer erkauft - durch die Liebe, durch die Treue, durch die Vergebung Christi. Am Kreuz stirbt einer an uns, durch uns, aber auch für uns, - damit wir leben können. Vom Kreuz her fällt ein neues Licht auf die Verhältnisse dieser Welt, auf die Verhältnisse unseres Lebens. Nun können wir besser als zuvor die Menschen sehen, wie Gott sie sieht.

Es kann ja sein, daß ich in Verhältnissen lebe, wo ich so manches Mal denke: wie ist das nur möglich, daß meine Nachbarin solch ein Drache ist, daß ich in der Ehe mit meinem Mann oder mit meiner Frau einfach nicht zurechtkomme, daß es doch tatsächlich Arbeitskollegen gibt, mir irgendein Ding anhängen wollen. Da kann man aus der Haut fahren! Aber das bringt ja nichts. Besser ist es, diese Menschen im Licht des Kreuzes Christi zu sehen. Besser ist es, daran zu denken, daß auch im Blick auf diese Menschen gilt: Ihr seid teuer erkauft. Was Gott teuer erkauft hat, wofür Christus sich so aufgeopfert hat, das darf ich nicht einfach links liegen lassen.

Versuchen Sie es einmal: Vergebung wirklich im Geist Jesu zu üben, und zwar so, daß sie daran denken:

Ich habe durch Christus die Seelsorge seiner Liebe erfahren - und darum kann ich von dieser Liebe abgeben.

Ich habe im Spiegel des Wortes Gottes meine Schuld erkannt - und darum weiß ich im Blick auf die Schuld anderer: das alles kann auch in mir liegen.

Ich habe durch Christus Vergebung erfahren - und darum bete ich nun ganz bewußt: vergib uns unsere Schuld, wie auch wir vergeben unsern Schuldigern.

Nur so werden wir zu dem Frieden kommen, den Jesaja verheißen hat und der in Christus Gestalt angenommen hat, so daß Paulus im Brief an die Epheser schreiben kann: "Er ist unser Friede." (Epheser 2, 14) Kann man diese Gewissheit für sich behalten? Nein. Das wollte auch Christus nicht.

Viertens: Er öffnete den Weg des Heils zu allen Völkern.

Jesaja sagte es mit diesem Satz: *So wird er viele Heiden in Staunen setzen... (52,15)* Einer von diesen Heiden war jener Hauptmann, von dem wir vorhin in der Evangeliumslesung hörten und der angesichts des Sterbens Christi sagte:

Wahrlich, dieser Mensch ist Gottes Sohn gewesen! (Markus 15,39)

Ist es nicht großartig, wie der Prophet Jesaja diesen Ausruf schon vorausgesagt hat? Wie viele Menschen sind seitdem angerührt worden von diesem Leiden und Sterben Christi? Und wie vielen muß noch diese Botschaft vom Gekreuzigten weitergesagt werden!
Nach menschlichem Ermessen hätte damals an jenem Karfreitag auf Golgatha

niemand ahnen können, daß auch diese Prophezeiung des Jesaja eintreffen würde: *...auch Könige werden ihren Mund vor ihm zuhalten. Denn denen nichts davon verkündet ist, die werden es nun sehen, und die nichts davon gehört haben, die werden es merken. (52, 15)*

Und wie sie es gemerkt haben - Könige und Kaiser, Herrscher dieser Welt, daß dieser Christus lebt. Aber das ist schon das Thema von Ostern, das hier Jesaja aufleuchtet. Entscheidend ist, daß wir in allem, was am historischen Karfreitag geschah, nicht nur vordergründig einen Willkürakt sehen, sozusagen einen herausragenden Justizmord der Weltgeschichte, sondern hier gilt es auf die Deutung des Propheten zu hören:

Wenn er sein Leben zum Schuldopfer gegeben hat, wird er Nachkommen haben und in die Länge leben, und des HERRN Plan wird durch seine Hand gelingen. (53,10)

Des Herrn Plan, Gottes Plan läßt sich von nichts und niemandem durchkreuzen. Und wie lautet des Herrn Plan? Wo hören wir etwas davon? Ebenfalls im Alten Testament: Abraham, *in dir sollen gesegnet werden alle Geschlechter auf Erden. (1. Mose 12, 3)*

Wir als gläubige Christen sind die Nachkommen, von denen Jesaja spricht. Wir sind die Nachkommen, die das Heil, die Erfüllung von Gottes Plan in Christus, weitergeben sollen und müssen, damit nicht nur wir, sondern mit uns noch viele andere erfahren, was das heißt:

Christus trug
    unsere Krankheit und Schmerzen,
    unsere Missetat und Sünde,
    unsere Strafe, auf daß wir Frieden hätten,
    und er öffnete den Weg des Heils zu allen Völkern. Amen.

Ostern

Predigt über Markus 16, 1-8

1 Und als der Sabbat vergangen war, kauften Maria von Magdala und Maria, die Mutter des Jakobus, und Salome wohlriechende Öle, um hinzugehen und ihn zu salben.

2 Und sie kamen zum Grab am ersten Tag der Woche, sehr früh, als die Sonne aufging.

3 Und sie sprachen untereinander: Wer wälzt uns den Stein von des Grabes Tür?

4 Und sie sahen hin und wurden gewahr, dass der Stein weggewälzt war; denn er war sehr groß.

5 Und sie gingen hinein in das Grab und sahen einen Jüngling zur rechten Hand sitzen, der hatte ein langes weißes Gewand an, und sie entsetzten sich.

6 Er aber sprach zu ihnen: Entsetzt euch nicht! Ihr sucht Jesus von Nazareth, den Gekreuzigten. Er ist auferstanden, er ist nicht hier. Siehe da die Stätte, wo sie ihn hinlegten.

7 Geht aber hin und sagt seinen Jüngern und Petrus, dass er vor euch hingehen wird nach Galiläa; dort werdet ihr ihn sehen, wie er euch gesagt hat.

8 Und sie gingen hinaus und flohen von dem Grab; denn Zittern und Entsetzen hatte sie ergriffen. Und sie sagten niemandem etwas; denn sie fürchteten sich.

Liebe Gemeinde!

Wer Ostern nicht nur als schönes Frühlingsfest begehen will, wer es von seinem christlichen Inhalt her verstehen will, muß Glauben haben. Andernfalls wird er im Blick auf den Wahrheitsgehalt dieses Festes Jesus Christus nicht vom Osterhasen unterscheiden können.

Ostern setzt Glauben voraus. Ungläubige können können nicht Ostern haben: Pilatus hat es nicht gehabt und die Schriftgelehrten und Hohenpriester nicht, die Christus noch am Kreuz verspotteten und die große Menge, die am Karfreitag „kreuzige ihn" gerufen hatten, auch nicht.

Wer Ostern verstehen will, muß Glauben haben haben - es sei ein kleiner Glaube oder ein großer Glaube. Von beiden, von Ostern mit dem kleinen Glauben und von Ostern mit dem großen Glauben, spricht die Bibel. Darum also die beiden unterschiedlichen Bibelworte für diese Predigt! Gott gebe, daß wir alle bei der Betrachtung dieser Worte ein wenig weiter hinein-kommen in einen großen Osterglauben.

Die vier Evangelisten reden in ihren Osterberichten fast durchweg von Ostern mit dem kleinen Glauben. Das Evangelium im letzten Markuskapitel, das heute in fast allen christlichen Kirchen verlesen wird, redet von Ostern mit dem kleinen Glauben.

Da gehen die drei Frauen zum Grabe, drei Frauen, die an ihren Herrn Jesus Christus geglaubt hatten. Niemand kann ihnen das Zeugnis verweigern, daß sie gläubige Jüngerinnen Jesu Christi gewesen sind.

Sie hatten auf seine Worte gehört.Sie hatten gesehen, was er tat, wie er heilte, wie er sich herab beugte zu den Schutzbedürftigen, wie er tröstete. Sie hatten im Kreise seiner Jünger ihre innere Heimat gefunden.Dann hatten sie den fürchterlichen Karfreitag miterlebt. Und jetzt wollten sie ihrem Herrn die letzte Ehre erweisen und die Salbung nachholen, wie man sie bei einem geliebten Verstorbenen damals übte.Sie glaubten an ihren Jesus von Nazareth. Aber es war doch ein kleiner Glaube, ein Glaube, der völlig eingespannt war in den Horizont dieser Welt.

Alles, was sie glaubten, alles, was sie hofften, alles, was sie liebten, gehörte dieser irdischen Welt an. Mit diesem kleinen Glauben gehen sie in den Ostermorgen hinein.

Dann die Überraschung: *Und sie gingen hinein in das Grab und sahen einen Jüngling zur rechten Handsitzen, der hatte ein langes weißes Gewand an, und sie entsetzten sich. Er aber sprach zu ihnen: Entsetzt euch nicht! Ihr sucht Jesus von Nazareth, den Gekreuzigten. Er ist auferstanden. Er ist nicht hier. (5-6).*

Das traf sie wie ein Hammerschlag vom Himmel her! Auferstanden? Ja, wie denn? War denn der Jüngste Tag angebrochen, von dem Jesus gelegentlich gesprochen hatte? Er ist nicht hier! Ja, wo ist er denn? Wo soll man ihn suchen, wo kann man ihn finden? Da bekommen sie das große Zittern. Da drehen sie plötzlich um. Das Gefäß mit der Salbe klirrt wahrscheinlich irgendwo am Boden entzwei und sie eilen, daß sie hinaus kommen, hinaus ins Freie, nur weg von diesem unheimlichen Ort.

Jesus soll auferstanden sein? Das warf ihren Glauben um, der eben lediglich auf all das eingestellt war, was der Mensch mit seinen fünf Sinnen jederzeit wahrnehmen kann. Darum flohen sie mit Zittern und Entsetzen von dem Grabe:

Und sie sagten niemandem etwas; denn sie fürchteten sich. (8)

Das war Ostern mit dem kleinen Glauben.

Zweierlei ist bezeichnend für dies Ostern mit dem kleinen Glauben: Erstens, daß da die Sorge nicht überwunden wird: die Sorge, an die der Mensch von Natur aus sein Leben lang gekettet ist. Durch den Bericht hier von den Frauen ziehen sich von Anfang an bis zum Ende die kleinen und die großen Sorgen hindurch:

Die Frauen hatten Sorge, daß das Begräbnis ihres Herrn ohne Würde und Ehre bliebe, wenn sie ihn nicht salben. Sie hatten Sorge, daß es für die Salbung schon zu spät sein könnte; darum hatten sie eine ganz frühe Stunde verabredet, vielleicht war es auch nur die Sorge, sie könnten gesehen werden. Dann hatten sie in Sorge wegen des schweren Steins; wer sollten ihnen den vom Eingang zur Grabkammer wälzen? Würden sie es mit ihren schwachen Kräften selber schaffen? Dann hatten sie Sorge, daß es ihnen niemand glauben würde, wenn sie es weitersagten, was sie gesehen und gehört hatten. Sie fanden aus den Sorgen gar nicht heraus.

Das andere, was kennzeichnend ist, ist das, daß von diesem Ostern mit dem kleinen Glauben keine missionarische Kraft ausgeht. Die Frauen gehen nicht nach Hause mit dem Bedürfnis: „Ich sag es jedem, daß er lebt und auferstanden ist!" So hat es zu Beginn des vorigen Jahrhunderts der junge Dichter Novalis gesagt. Nein, sie sagen niemandem ein Wort.

Wenn es bei Ostern mit dem kleinen Glauben geblieben wäre, dann wüßten wir heute alle miteinander nicht, daß Jesus lebt, dann wäre keine Rettung für *die* Menschen da, die sich heraus sehnen aus den Sorgen und Sünden. Man frage einmal die Menschen, worauf es ihnen denn ankomme mit ihrem Glauben und wozu sie sich eigentlich bekennen?

Man wird dann hören: Wir wollen das Christentum, das Christentum für unser Leben, für unser Volk, für unsere Schulen, für unser öffentliches Leben, für das Leben der ganzen Welt! Aber was ist denn das für ein Christentum?

In einer Studie unter dem Titel „Was wird aus der Kirche?" können Sie nachlesen, was für die evangelischen Christen in unserem Lande Christentum bedeutet. Da wurde z.B. die Frage gestellt: „Was gehört unbedingt zum Evangelisch-Sein"? Man kann wählen unter zehn möglichen Antworten.

Mit am häufigsten wurde die Antwort gegeben, „daß man sich bemühe, ein anständiger Mensch zu sein". Ganz hinten rangierten sozusagen als Schlußlichter auf Platz 9 und 10 die beiden Antworten, „daß man zur Kirche gehe" und „daß man die Bibel lese".

So sieht unsere christliche Wirklichkeit aus. Was ist eigentlich dieser christliche Glaube, zu dem sie sich bekennen? Es ist der Glaube, den andere einmal geglaubt haben. Ich sage das ohne jede Spitze. Viele Menschen sind beeindruckt von dem Geist, aus dem Vater Bodelschwingh die Betheler Anstalten aufbaute; aus dem Albert Schweitzer mitten im mörderischen Fieberklima Zentralafrikas den Schwarzen als Arzt und Missionar diente; aus dem Mutter Teresa in Kalkutta sich der Todkranken annahm; aus dem ein Mann wie Dietrich Bonhoeffer mitten in der Finsternis der braunen Diktatur des Hitlerregimes als bekennender Christ Widerstand gegen dieses System leistete und dafür Ostern 1945 hingerichtet wurde.

Das beeindruckt die Leute. Das ist auch gut so. Aber wer von denen, die so beeindruckt sind von diesen Christen, sagt: Wenn das so ist, daß Jesus Christus sich so machtvoll an und in seinen Zeugen erweisen kann, dann wollen wir auch diesen Christus in unserem Leben haben.

Ja, wir wollen den auferstandenen Christus im Leben unseres Volkes und in unserem eigenen Leben haben. Wer sagt das von den vielen, vielen getauften und konfirmierten Christen? Wer denkt so? Wer sagt: wir glauben an den auferstandenen Herrn, und wir wollen von diesem auferstandenen Herrn den Menschen etwas sagen? So etwas sagt der Pastor auf der Kanzel, aber draußen im normalen Leben, da sagt man so etwas nicht!

Das alles ist Ostern mit dem kleinen Glauben.

So gehen Christen in das Osterfest hinein und wieder aus Ostern heraus, vielleicht ein ganz klein wenig erschüttert in ihrer Diesseitigkeit, weil sie aus der Osterbotschaft heraushören, daß doch vielleicht mit dem Tode nicht alles aus sei, daß nach Leiden und Sterben, nach Winter und Vergehen immer ein neues Leben hervor bricht, wie das die Zeitungen zu Ostern so schön gemütvoll beschreiben. Und dennoch sollten wir auf dieses Ostern mit dem kleinen Glauben nicht geringschätzig herabsehen! Erstens deshalb nicht, weil es ja vielleicht unser eigenes Ostern ist! Und zweitens nicht, weil unser Herr Jesus Christus auch über den kleinen Glauben immer schützend seine Hand gehalten hat.

Wenn er zu seinen Jüngern gesagt hat: *O, ihr Kleingläubigen!* - so war das immer nur ein Vorwurf der Liebe; es war niemals ein hartes, wegwerfendes oder abweisendes Wort!

Es stünde vieles besser in unserem Volk, wenn es in seiner Gesamtheit wenigstens ein Ostern mit dem kleinen Glauben durchlebte, wenn heute nicht Hunderttausende zu Hause herum säßen, die lediglich an den Ostereiern herumpulen, Zeitung lesen und Fernsehen und zwischendurch noch einen Spaziergang machen - und das war's denn auch schon. Ostern ist nun wirklich mehr. Wenn die Menschen wenigstens einmal wieder hörten, daß Jesus da ist, daß man von ihm mit Respekt und Liebe reden muß und daß es mit diesem Jesus am Karfreitag nicht zuende gewesen ist. Ja, es wäre manches besser, wenn die Menschen wenigstens ein Ostern mit dem kleinen Glauben feiern würden, ein Ostern, das die Tür offenhält für das große Ostern, für das wirkliche Ostern, für die Botschaft:

> Der Herr ist auferstanden,
> Er ist wahrhaftig auferstanden!

Wir sollen wissen, daß Ostern mit dem kleinen Glauben nicht das letzte Wort haben darf, sondern daß wir in dieser Stunde von dem lebendigen Gott aufgerufen werden zu einem Ostern mit dem großen Glauben! Von solch einem Ostern redet der Apostel Paulus in seinem Brief an die Gemeinde in Rom:

Christus Jesus ist hier, der gestorben ist, ja vielmehr, der auch auferweckt ist, der zur Rechten Gottes ist und uns vertritt. (Römer 8,34)

Spüren Sie, daß hier eine andere Atmosphäre ist als in dem alten Osterevangelium, wo Zittern und Entsetzen das letzte Wort haben? Was für ein anderer Klang in dem kleinen Wörtchen *hier!* Den Frauen wird gesagt: *Er ist nicht hier!* Etwas anderes hätten sie auch nicht verstanden, weil sie nur irdische Orte kannten, an denen Irdisches sich befindet.

Paulus aber schreibt: „Christus ist hier!" So kann er schreiben, weil ihm der Geist des Herrn gesagt, was Ostern wirklich bedeutet, weil er in der Ewigkeit und in der irdischen Welt zugleich lebt, weil ihm Christus persönlich begegnet ist, nicht nur ihm, nein, wie schreibt er doch im 1. Korintherbrief? *Danach ist er gesehen worden von von mehr als fünfhundert Brüdern auf einmal, von denen die meisten noch heute leben... (1. Korinther 15,6)*

Mit andern Worten: Ich rede nicht einfach schwärmerisch daher, bitte, ihr könnt euch persönlich erkundigen, ob ich die Wahrheit sage oder nicht. Paulus weiß, daß der auferstandene Herr lebt und etwas tut: *der zur Rechten Gottes ist und uns vertritt.*

Christus nimmt uns alle Sorgen, nachdem er uns die größte Sorge genommen hat: wie wir einmal bestehen sollen vor dem Angesicht Gottes. Das Ostern mit dem großen Glauben versteht sich vom Karfreitag her: Gott hat Jesus in die Welt gesandt, damit der tiefe Graben der Schuld, der zwischen Gott und den Menschen entstanden ist, durch Christus überbrückt wird. Denn das wissen wir alle aus unserer eigenen Lebenserfahrung, daß Schuld uns zu Fremden macht.

Da traf ich zwei, die ich von früher her kannte. Sie gingen sehr steif aufeinander zu. Seltsam, dachte ich, früher waren die beiden doch ein Herz und eine Seele. Was war denn nur los? Was war passiert?

Ich nahm mir den einen, den ich etwas besser kannte, beiseite und fragte ihn sehr direkt: Warum geht ihr beide so förmlich miteinander um? Sagtet ihr nicht früher „Du" zueinander? „Ja, das war einmal!" - da brauchte er gar nicht weiter zu reden. Da wußte ich, was geschehen war. Ein Streit hatte die beiden entzweit und sie waren nicht bereit, sich zu versöhnen. Sie waren - wodurch auch immer - schuldig aneinander geworden. Sie waren sich wieder fremd geworden. Schuld führt zur Entfremdung, um es modern auszudrücken.

Wenn das schon so zwischen Menschen ist, wie tief muß dann erst die Entfremdung sein zwischen Gott und den Menschen, die auf sein Wort und seine Gebote nur mit einem müden Lächeln reagieren. Christus ist sozusagen der letzte Versuch Gottes, die Verbindung mit uns Menschen wieder aufzunehmen.

Wer vom Leiden und Sterben des Gottessohnes nicht angerührt wird, wer Ostern nur als freundliches Frühlingsfest feiert, dem ist in der Tat nicht mehr zu helfen. Nehmen Sie diesen Satz bitte ganz wörtlich: dem ist tatsächlich in seinen Sorgen und Nöten, in seinen Fragen - etwa nach dem Sinn des Lebens - nicht zu helfen.
Wer aber begreift, daß Schuld uns entfremdet, wer sich danach sehnt, daß uns vergeben wird, damit wir nicht in der Verdammnis - das heißt in der Gottesferne - leben müssen, der weiß, daß Paulus ihm hier aus dem Herzen spricht:

Wer will verdammen? Christus Jesus ist hier, der gestorben ist, ja vielmehr, der auch auferweckt ist, der zur Rechten Gottes ist und uns vertritt. (Römer 8,34)

Zu Ostern hat Gott noch einmal sein Ja gesagt: Ja, dieser Christus, der für euch gestorben ist, soll auch für euch leben. Nicht der Karfreitag, sondern Ostern hat das letzte Wort. Karfreitag war einmal. Ostern ist ewig!

Wenn du darauf vertrauen, daß Christus dir gegenwärtig ist, daß damals am ersten Ostertag in Jerusalem etwas geschehen ist, was uns heute nicht weniger angeht als die Frauen damals, die zum leeren Grab kamen. Wenn du darauf vertraust, kommst und bleibst du im Kraftfeld des lebendigen Gottes.

An dieser Stelle möchte ich gerade im Blick auf unsere Gäste aus der Russisch-Orthodoxen Kirche, die heute unter uns sind, von einer Begebenheit erzählen, die etwas widerspiegelt von der elementaren Wucht, die im Osterglauben steckt.

Es war in den Anfangsjahren der Sowjetunion, die Zeit der zwanziger Jahre. Es waren die Jahre einer besonders aktiven Gottlosenpropaganda in der damaligen Sowjetunion. Da war es üblich, Massenveranstaltungen abzuhalten, auf denen die Überlegenheit des Atheismus gegenüber dem Christentum gezeigt werden sollte.

Nun geschah bei einer solchen Veranstaltung folgendes: Wie üblich sprach ein ideologisch gut geschulter Genosse über die - wie er sagte - „Verbrechen der Kirche". Er zählte einen langen Sündenkatalog des Christentums auf. Ich will das hier gar nicht alles wiederholen. Dann versuchte er noch nachzuweisen, daß aller Glauben ein Hirngespinst sei, daß noch kein Wissenschaftler die Existenz Gottes habe feststellen können. Nun kam das besonders Gemeine. Nun erhielt ein Priester das Wort zur Verteidigung des Christentums. Damit sollte Toleranz und Objektivität demonstriert werden. Der Priester konnte sich ausrechnen, was ihm blühte, sollte er es wagen, diese unsachlichen Angriffe auf den Glauben als gehässige Propaganda zurück zu weisen. Was tat der Priester? Er stand auf und rief in die Menge: „Dieser Mann hat eine Stunde geredet. Ich sage nur zwei Worte!" Und dann folgten die zwei Worte des russischen Ostergruß:

Christos woskres!
Christus ist auferstanden!

Nach einer Sekunde atemloser Spannung brach die versammelte Menge in die altvertraute Antwort aus:

Woistinu woskres!
Er ist wahrhaftig auferstanden!

Das ist die Osterbotschaft! Das ist Ostern! Und solange wir dieses Bekenntnis von Herzen sprechen, solange sind wir in unserem Glauben unüberwindbar.

Da kann kommen, was will: Da werden wir zu Boden geworfen, aber wir bekommen die Kraft, wieder aufzustehen.

Da werden wir verletzt, aber die innere Verbundenheit mit dem Heiland hat eine unglaublich starke heilende Kraft.
Da werden wir enttäuscht, aber unsere Glaube bewahrt uns davor, daß wir bitter werden.

Da überkommen uns manche Ängste und Sorgen, irgendwann auch die Angst vor dem Sterben, aber der Auferstandene reißt uns heraus aus aller Todesverfallenheit.

So dringen wir durch vom Ostern mit dem kleinen Glauben zum Ostern mit dem großen Glauben an die alles verwandelnde und erneuernde Kraft Gottes in Jesus Christus.

Liebe Gemeinde, unser Glaube ist österlich frisch und gesund, wenn wir spüren, daß er uns so sehr erfüllt, daß wir darüber froh werden und daß wir ihn weitersagen wollen. Das sind wir den Menschen um uns herum schuldig, daß wir sie ansprechen auf die Fragen des Glaubens, daß wir sie einladen, unter das Wort Gottes zu kommen, daß wir in das Sterbezimmer der Welt die Frischluft des Evangeliums einziehen lassen.

Weil wir wissen:

>Der Herr ist auferstanden.
>Er ist wahrhaftig auferstanden! Amen.

Christi Himmelfahrt

Predigt über Apostelgeschichte 1, 1-11

1 Den ersten Bericht habe ich gegeben, lieber Theophilus, von all dem, was Jesus von Anfang an tat und lehrte

2 bis zu dem Tag, an dem er aufgenommen wurde, nachdem er den Aposteln, die er erwählt hatte, durch den Heiligen Geist Weisung gegeben hatte.

3 Ihnen zeigte er sich nach seinem Leiden durch viele Beweise als der Lebendige und ließ sich sehen unter ihnen vierzig Tage lang und redete mit ihnen vom Reich Gottes.

4 Und als er mit ihnen zusammen war, befahl er ihnen, Jerusalem nicht zu verlassen, sondern zu warten auf die Verheißung des Vaters, die ihr, so sprach er, von mir gehört habt;

5 denn Johannes hat mit Wasser getauft, ihr aber sollt mit dem Heiligen Geist getauft werden nicht lange nach diesen Tagen.

6 Die nun zusammengekommen waren, fragten ihn und sprachen: Herr, wirst du in dieser Zeit wieder aufrichten das Reich für Israel?

7 Er sprach aber zu ihnen: Es gebührt euch nicht, Zeit oder Stunde zu wissen, die der Vater in seiner Macht bestimmt hat;

8 aber ihr werdet die Kraft des Heiligen Geistes empfangen, der auf euch kommen wird, und werdet meine Zeugen sein in Jerusalem und in ganz Judäa und Samarien und bis an das Ende der Erde.

9 Und als er das gesagt hatte, wurde er zusehends aufgehoben, und eine Wolke nahm ihn auf vor ihren Augen weg.

10 Und als sie ihm nachsahen, wie er gen Himmel fuhr, siehe, da standen bei ihnen zwei Männer in weißen Gewändern.

11 Die sagten: Ihr Männer von Galiläa, was steht ihr da und seht zum Himmel? Dieser Jesus, der von euch weg gen Himmel aufgenommen wurde, wird so wiederkommen, wie ihr ihn habt gen Himmel fahren sehen.

Liebe Gemeinde!

Dies ist ein besonderer Festtag, weil wir heute zusammen mit der weltweiten Christenheit das Fest der Königsherrschaft Christi feiern:

„Jesus Christus herrscht als König" Das haben wir soeben gesungen und damit bekannt: Er ist der Herr über alle Mächte und Gewalten. Er will der Herr auch über unser Leben sein. Das ist der Kernpunkt der Botschaft von Christi Himmelfahrt.

Ich weiß, es gibt Leute, die haben ihre Schwierigkeit mit dem Wort „Himmelfahrt" - als ginge es hierbei um so eine Art Weltraumflug. Diesen Leuten möchte ich sagen: denkt ihr denn auch an Weltraumflug, wenn ihr sagt: Der Kaffee schmeckt ja himmlisch oder er Urlaub war himmlisch schön? Natürlich nicht. Sondern damit soll gesagt sein, daß etwas ganz besonders schön ist.

Im Hintergrund solcher Redensarten schwingt noch etwas von dem mit, was der Begriff Himmel im biblischen Sinne sagen will: Geborgenheit in Gott, Gemeinschaft mit Christus - das ist himmlisch. Ist in diesem Sinne Ihr Leben, Dein Leben einfach himmlisch?

Unser Text gibt uns drei Hinweise, was dieses Fest für die Jünger damals und für uns und unser Christsein heute bedeutet:

    Erstens: Auch Christen müssen Abschied nehmen.
    Zweitens: Christen empfangen die Kraft des Heiligen Geistes.
    Drittens: Christen sind Zeugen Christi in der ganzen Welt.

Erstens: Auch Christen müssen Abschied nehmen.

Wir können das Himmelfahrtsfest nicht feiern, ohne zuerst daran zu denken, daß Himmelfahrt Abschied bedeutet. Am 40. Tag nach Ostern versammelt Christus seine Jünger noch einmal auf dem Ölberg vor den Toren der Stadt Jerusalem. Das war ein bewegender Augenblick.
In diesem Augenblick gehen die drei großen Jahre des Zusammenseins der Jünger mit ihrem Herrn zuende, die Zeiten, wo man mit ihm hautnah zusammenlebte, mit ihm sprach, seinen Predigten und seinen Gesprächen zuhörte, wo man erlebte, wie unter seinem Wort Menschen an Leib und Seele gesund wurden, wo man mit ihm durch die Lande wanderte - das alles lag nun hinter ihnen.

Können wir diesen Abschied so einfach vergleichen mit dem, was wir so erleben, wenn wir uns trennen müssen? Abschied bedeutet im menschlichen Leben, daß ein Vorhang herunter geht. Es ist aus, von nun an bleibt für die

Zukunft nur noch eine Erinnerung. Viele dieser Erinnerungen werden früher oder später verblassen. Wir wissen, wie das ist, wenn man nach Jahrzehnten auf ein bestimmtes Ereignis oder auf einen Menschen angesprochen wird und man sagen muß: ich weiß es nicht mehr.

Aber nun geht es ja hier nicht um irgendeinen Abschied von Menschen, die einmal zu uns gehörten oder deren Weg wir kreuzten. Hier geht es um die Begegnung mit Jesus und um den Abschied von ihm. Und da spüren wir einen Unterschied. Der Abschied, der von Jesus selbst ausging, ließ merkwürdigerweise die Erinnerung an ihn nicht verblassen, der Abschied von Jesus ließ den Glauben nicht welken, der Abschied von Jesus ließ seine Worte nicht in ein Gestern versinken, sondern sie blieben lebendig.

Dennoch gab und gibt es immer wieder einen Abschied von Jesus, der die Erinnerung an ihn verblassen, den Glauben welken und sein Wort ins Gestern versinken läßt. Das ist der Abschied von Jesus, der von uns ausgeht. Hier liegt der entscheidende Unterschied!

Vielleicht ist der eine oder die andere heute morgen unter uns, die irgendwann einmal diesen Abschied von Jesus genommen haben: Kirche, Glaube, Christus - das alles war einmal. Aber heute morgen sind Sie nun hier. Und wenn Sie sich jetzt angesprochen fühlen, dann muß ich Ihnen ganz persönlich noch ein paar Sätze sagen. Wenn Sie sich irgendwann einmal von Jesus verabschiedet haben sollten, dann ist das so, als hätten Sie ihn verloren.

Wenn Sie ihn wiederfinden wollen, müssen wir Jesus auch da aufsuchen, wo wir uns von ihm verabschiedet haben. Jeder vernünftige Mensch sucht, wenn er etwas verloren hat - einen Ring oder seine Brille, ein Buch oder was es sonst ist - nicht planlos, sondern was tut er? Er fragt sich: Wo hast du das, was du jetzt suchst, zum letzten Mal in der Hand gehabt? Wo kannst du es verloren haben? Und da - da sucht man dann.

Wenn man Jesus sucht, muß man es genauso machen.
Wo warst du ihm das letzte Mal ganz nahe?
Wann und wodurch hast du ihn aus den Augen verloren?

Vielleicht, daß du in der letzten Zeit nicht mehr dazu gekommen bist, in die Kirche zu gehen oder zu beten oder die Bibel aufzuschlagen? Da mußt du dann suchen und dir die Zeit für das absparen, wodurch du früher Jesus nahe gekommen warst.

Vielleicht - und das ist der häufigste Fall -, daß sich jemand von Verhältnissen hat einfangen lassen, die Gott unmöglich gefallen können: also Streit mit anderen, Unredlichkeiten irgendwelcher Art, Verhältnisse, in deren Christus beim besten Willen nicht zu finden ist. Dann muß man eben diese Verhältnisse in Ordnung bringen. Erst dann wird der Zugang zu Christus wieder frei.

Jesus hat Ihnen dazu ein Versprechen gegeben, das sich auf unsere Gebete bezieht: *Bittet, so wird euch gegeben; suchet, so werdet ihr finden; klopfet an, so wird euch aufgetan. (Matthäus 7,7)*

Es gibt sicherlich auch Fragen, auf die Jesus uns keine direkte Antwort geben will. Das haben schon die Jünger damals erfahren. Noch beim Abschied auf dem Ölberg fragten sie ihn dies und das, z.B.:

Herr, wirst du in dieser Zeit wieder aufrichten das Reich für Israel?
Er aber sprach zu ihnen: Es gebührt euch nicht, Zeit oder Stunde zu wissen, die der Vater in seiner Macht bestimmt hat; aber ihr werdet die Kraft des heiligen Geistes empfangen, der auf euch kommen wird... (6-8)
Und damit komme ich zum zweiten Gedankenkreis:

Zweitens: Christen empfangen die Kraft des Heiligen Geistes.

Jesus verläßt seine Jünger nicht, ohne ihnen diese große Verheißung zu geben. Schon vorher hatte er ihnen gesagt, ja befohlen: *Jerusalem nicht zu verlassen, sondern zu warten auf die Verheißung des Vaters, die ihr, so sprach er, von mir gehört habt; denn Johannes hat mit Wasser getauft, ihr aber sollt mit dem heiligen Geist getauft werden nicht lange nach diesen Tagen. (4-5)*

Das ist ein Hinweis auf Pfingsten. Christen empfangen den Heiligen Geist, ohne den wir ja - das sollte sich herumgesprochen haben - weder das Wort Gottes noch Christus verstehen können. Woran kann man denn nun das Wirken dieses Heiligen Geistes erkennen?

Jesus selbst gibt das entscheidende Stichwort: der Heilige Geist ist eine „Kraft". Im Griechischen steht hier das Wort *dynamis*. Diesen Begriff kennen wir doch: Wir begegnen ihm im Wort „Dynamit". Mit Dynamit kann man Felsen sprengen. Mit der *dynamis,* die der Geist Gottes zündet, können die Felsbrocken, die auf unserem Lebensweg quer liegen, ebenfalls weggesprengt werden. Alles, was von Christus ausgeht, hat Kraft, hat Macht, hat Dynamik. Und alles, was sich mit Christus gläubig verbindet, hat ebenfalls Kraft, hat

Macht, hat Dynamik. Seine Kraft ist auch in den Schwachen mächtig, wie Paulus gesagt hat. (2. Korinther 12,9)

Seine Kraft und Macht ist wirklich grenzenlos. Sie kann Menschen aller Kulturen und Länder ergreifen. Was ist eigentlich das Besondere an dieser Macht?

Sie ist Macht über die Herzen. Das ist bekanntlich die stärkste Macht. Die schwächste ist die, die sich stark gibt. Es ist die Macht, von der Mao Tse-tung, der frühere chinesische Kommunistenführer, gesagt hat: „Unsere Macht kommt aus den Gewehrläufen." Diese Macht aus den Gewehrläufen ist die Macht, die Menschen einsetzen, um Menschen zu zwingen, die sie anders nicht gewinnen können.

Anders dagegen die Macht, die den Menschen das Herz abgewinnt. Das ist die stärkste Macht: es ist die Macht der Liebe. Wenn wir einen Menschen lieben, so hat er Macht über uns. Er braucht uns nur liebevoll anzusehen, so hat er oder so hat sie schon gewonnen. Das weiß wohl jeder: welche Macht in der Liebe steckt, wie sie einen Menschen, der davon getroffen wird, öffnen kann, wie sie ihn verwandeln kann, wie sie ihn bereit macht, um Vergebung zu bitten und selber zu vergeben, wie sie ihn stärken und glücklich machen kann. Wenn das schon von der Liebe zwischen zwei Menschen gilt, wie viel mehr gilt es dann von der Liebe zwischen Christus und uns?

Wenn mich jemand fragt: Was habe ich vom Christsein, dann antworte ich ihm mit diesem Beispiel von der Kraft der Liebe. Sie ist der Grund für meine Freude am Leben, für meine Hoffnung, auch in dunklen Stunden nicht völlig zu verzagen, sie ist der Grund für meine Dankbarkeit. Denn hier ist einer, Christus, der diese Macht der Liebe hat und der zu mir steht, der echt ist, verläßlich und treu, den ich um Vergebung bitten darf und der mein Leben von dieser Seite her erneuern kann. Er kann uns anrühren und im Gewissen bewegen.

Über Liebe kann man sehr schön reden. Liebe kann man wunderschön beschreiben. Davon lebt ja fast die gesamte Unterhaltungsliteratur und die entsprechenden Filme. Aber was sie wirklich ist, muß man erleben. Sonst wäre man sehr arm dran. Man muß es erleben, an sich erfahren. Das gilt auch für die Christusliebe. Man muß sie erleben, man muß sie an sich erfahren, dann erst weiß man, wie stark ihre Kraft und Macht ist. Im Leben kann es gerade in diesem Bereich tragische Mißverständnisse geben.

Ich denke da an einen Mann, der es nicht wagte, einem jungen Mädchen seine

Liebe zu gestehen. Das war irgendwann in den fünfziger Jahren. Der Mann blieb ledig. Vor einigen Wochen starb er. Die junge Frau von damals hatte geheiratet und hat inzwischen schon erwachsene Kinder. Sie hörte von dem Todesfall und kam zur Trauerfeier. Nach der Beerdigung kam sie mit dem Bruder des Verstorbenen ins Gespräch. Da brach es plötzlich aus ihr heraus: Ich hätte ihn damals geheiratet: wenn er nur ein Wort gesagt hätte. Ich hatte so sehr darauf gewartet.

Anders ist es mit Christus, wenn man überhaupt mit aller Behutsamkeit diesen Vergleich wagen darf: Er hat die Menschen angesprochen, er hat seine Liebe nicht verborgen gehalten. Nur mit einem Unterschied:

Er war vor der Himmelfahrt nur für wenige da, für diejenigen, die ihm auf den staubigen Landstraßen von Galiläa, Samarien und Judäa begegneten.

Er war für diejenigen da, zu denen er auf den Plätzen und Straßen der Dörfer und Städte sprach.

Er war für diejenigen da, denen er bei der Arbeit begegnete oder beim Müßiggang, in der Freude oder in der Trauer, im Leiden oder in der Krankheit.

Seit jenem Himmelfahrtstag damals vor den Toren der Stadt Jerusalem ist er durch die Kraft des Heiligen Geistes für alle da, die nach ihn fragen, die ihn im Gebet anrufen, die zu ihm gehören wollen: *Ihr werdet die Kraft des heiligen Geistes empfangen,der auf euch kommen wird, werdet meine Zeugen sein..."*
(8)
Und damit ist das dritte wichtige Stichwort gefallen:

Drittens: Christen sind Zeugen des Wortes Gottes in aller Welt.

Es müßte doch eigentlich jedem zu denken geben, daß das was hier steht, ja tatsächlich keine nur fromme, beschauliche Geschichte ist, sondern Geschichte gemacht hat, und zwar genauso wie es hier steht: *Ihr werdet meine Zeugen sein in Jerusalem und in ganz Judäa und Samarien und bis an das Ende der Erde.*
(8)

Genauso ist es geschehen. An dieser Stelle können Sie wieder einmal sehen, wie exakt die Versprechungen, die Christus gegeben hat, in Erfüllung gehen. Nach Himmelfahrt, genauer nach Pfingsten, breitete sich das Evangelium immer weiter und immer stärker aus: zunächst in Jerusalem und in der umliegenden Landschaft Judäa. Dann griff es auf das benachbarte Samarien über und schließlich auf die benachbarten Länder. Paulus brachte die Stafette des Evangeliums nach Europa und in den folgenden Jahrhunderten gelangte das Evangelium von Europa in alle Erdteile - *bis ans Ende der Erde.*

Eine schöne Anschauung für diese Tatsache ist ein Schiff, das von Zeit zu Zeit im Hafen von Bremen liegt. Das Schiff heißt „Logos II". *Logos* heißt übersetzt *das Wort* und gemeint ist mit diesem Begriff in der Bibel das Wort Gottes. Darum besteht auch die Fracht der „Logos II" aus einigen Tonnen Bibeln und christlicher Literatur. Das Schiff ist eine schwimmende Buchhandlung.

Auf der „Logos" arbeiten 180 Besatzungsmitglieder. Sie kommen aus 35 Nationen, aber sie sind eine Familie, weil sie Gott zum Vater und Christus zum Bruder haben. Das verbindet sie alle miteinander, da sie ihn bezeugen wollen: Dafür arbeiten sie. Dafür verzichten sie auf das dicke Geld und sind mit einem Taschengeld von ein paar Dollar pro Woche zufrieden. Dafür fahren sie rund um die Welt.

Auch für Sie alle gilt, was ich von der Besatzung der „Logos" gesagt habe: Sie wären heute morgen nicht hier, wenn Sie nicht auch Christus als den Herrn des Himmels und der Erde bezeugen wollten. So betrachtet markiert Himmelfahrt letztlich nicht einen Abschied, nicht ein Ende, sondern Jesus ist nun für seine Jünger damals und heute auf ewig da.

Darum kann ich bei allem Respekt vor der Dichterin Annette von Droste-Hülshoff, die wir ja auf einem unserer Geldscheine betrachten können, nicht zustimmen, wenn sie in ihrem Gedicht „An Christi Himmelfahrtstage" leicht melancholisch sagt:

> *Er war ihr eigen dreiunddreißig Jahr.*
> *Die Zeit ist hin, ist hin!*
> *Wie ist sie doch nun alles Glanzes bar,*
> *Die öde Erd, auf der ich atme und bin...*

Klingt das nicht tatsächlich recht schwermütig, trostlos? Natürlich kann man sagen: Die Welt ist voll von Tränen, von Not und Leid, von Schuld und von Ungerechtigkeit und von Gewalt. Wenn Menschen uns das sagen, dann können wir nur sagen: Ja, das stimmt, aber sie ist auch voll von Jesus. Wenn wir die Dinge so sehen, haben wir die richtig Blickrichtung und Lebenseinstellung gewonnen und sollten auch andere darauf hinweisen.

Dann begreifen wir im Nachhinein, was die zwei Männer in weißen Gewändern meinten, als sie zu den Jüngern ganz schlicht sagten: *Ihr Mäner von Galiläa, was steht ihr da und seht zum Himmel? Dieser Jesus, der von euch weg gen Himmel aufgenommen wurde, wird so wiederkommen, wie ihr ihn habt gen Himmel fahren sehen. (11)*

Christsein bedeutet nicht, Löcher in die Luft zu starren, sondern mit dem Wort Gottes im Herzen den Blick auf diese Welt auszuhalten und dabei Ausschau zu halten, wo wir gefragt sind, um Christus in Wort und Tat zu bezeugen und uns auf seine verheißene Wiederkunft zu freuen. Amen.

Pfingsten

Predigt über Apostelgeschichte 2, 1-18

1 Und als der Pfingsttag gekommen war, waren sie alle an *einem* Ort beieinander.

2 Und es geschah plötzlich ein Brausen vom Himmel wie von einem gewaltigen Wind und erfüllte das ganze Haus, in dem sie saßen.

3 Und es erschienen ihnen Zungen, zerteilt wie von Feuer; und er setzte sich auf einen jeden von ihnen,

4 und sie wurden alle erfüllt von dem Heiligen Geist und fingen an zu predigen in andern Sprachen, wie der Geist ihnen gab auszusprechen.

5 Es wohnten aber in Jerusalem Juden, die waren gottesfürchtige Männer aus allen Völkern unter dem Himmel.

6 Als nun dieses Brausen geschah, kam die Menge zusammen und wurde bestürzt; denn ein jeder hörte sie in seiner eigenen Sprache reden.

7 Sie entsetzten sich aber, verwunderten sich und sprachen: Siehe, sind nicht diese alle, die da reden, aus Galiläa?

8 Wie hören wir denn jeder seine eigene Muttersprache?

9 Parther und Meder und Elamiter und die wir wohnen in Mesopotamien und Judäa, Kappadozien, Pontus und der Provinz Asien,

10 Phrygien und Pamphylien, Ägypten und der Gegend von Kyrene in Libyen und Einwanderer aus Rom,

11 Juden und Judengenossen, Kreter und Araber: wir hören sie in unsern Sprachen von den großen Taten Gottes reden.

12 Sie entsetzten sich aber alle und wurden ratlos und sprachen einer zu dem andern: Was will das werden?

13 Andere aber hatten ihren Spott und sprachen: Sie sind voll von süßem Wein.

14 Da trat Petrus auf mit den Elf, erhob seine Stimme und redete zu ihnen: Ihr Juden, liebe Männer, und alle, die ihr in Jerusalem wohnt, das sei euch kundgetan, und lasst meine Worte zu euren Ohren eingehen!

15 Denn diese sind nicht betrunken, wie ihr meint, ist es doch erst die dritte Stunde am Tage;

16 sondern das ist's, was durch den Propheten Joel gesagt worden ist (Joel 3,1-5):

17 »Und es soll geschehen in den letzten Tagen, spricht Gott, da will ich ausgießen von meinem Geist auf alles Fleisch; und eure Söhne und eure Töchter sollen weissagen, und eure Jünglinge sollen Gesichte sehen, und eure Alten sollen Träume haben;

18 und auf meine Knechte und auf meine Mägde will ich in jenen Tagen von meinem Geist ausgießen, und sie sollen weissagen.

Liebe Gemeinde!

Pfingsten - man nennt es das Geburtsfest der Kirche. Pfingsten – das Wort ist abgeleitet vom griechischen Wort „*pentekosté*, der Fünfzigste und bezeichnet den 50. Tag nach Ostern. An diesem Tag waren die Jünger in Jerusalem beieinander und wurden erfüllt vom Heiligen Geist. Pfingsten gilt seitdem als das Fest des Heiligen Geistes und wurde neben Karfreitag-Ostern und Weihnachten das dritte Hauptfest des christlichen Jahreskalenders.

Das Meinungsforschungs-Institut Forsa versuchte herauszubekommen, was der Normalbürger in unserem Lande über Pfingsten weiß. Das Ergebnis der Umfrage: 53 Prozent der Befragten ist die Bedeutung dieses Festes völlig unbekannt. Man weiß nur, daß es irgendein Fest ist und daß morgen ein freier Tag ist. Von den unter 35jährigen wissen nur 23 Prozent, also ein knappes Viertel, daß Pfingsten christlichen Ursprungs ist.

Unser Text spricht von einer dreifachen Bedeutung von Pfingsten oder besser gesagt: von einer dreifachen Erfüllung, die zu Pfingsten geschehen ist. Es fällt hier tatsächlich dreimal das Wörtchen „*erfüllt*".

Erstens: Unser Predigttext spricht von der erfüllten Zeit.

Als der Pfingsttag gekommen war... (1)

Wörtlich übersetzt muß es heißen – und so steht es auch in der alten Luther-Bibel: *Als der Tag der Pfingsten erfüllt war...*

Tage kommen und gehen. Das ist nichts Besonderes und nicht der Rede wert. Aber daß ein Tag besonders erfüllt war von einem für uns unbegreiflichen Geschehen - das ist etwas Besonderes. Und das will der Urtext ausdrücken und so hat es auch Martin Luther treffend übersetzt: *Als der Tag der Pfingsten erfüllt war...*

Was sich an jenem Pfingsttag morgens gegen 9 Uhr in Jerusalem abgespielt hat, war eine weltgeschichtliche Stunde von Rang. Erfüllung hat immer etwas zu tun mit einem vorausgehenden Warten. Man wartet auf etwas - und dann erfüllt sich z.B. ein Wunsch. Allerdings werden unsere Wünsche, auch wenn wir noch so brav und geduldig und gläubig warten, nicht immer so erfüllt, wie wir es uns wünschen.

Von Dietrich Bonhoeffer, dem großen Theologen aus der Zeit des Kirchenkampfes im Dritten Reich, der noch kurz vor Kriegsende, im April 1945, von den Nazis ermordet wurde, stammt der Satz: „Nicht alle unsere Wünsche, aber alle seine Verheißungen erfüllt Gott." Und so hat Gott auch die Verheißungen erfüllt, in denen er das Kommen seines Geistes vorausgesagt hat. Durch den Mund der Propheten hatte er dieses Ereignis hunderte von Jahren vor dem Kommen Jesu angekündigt.

Denken Sie an die Worte des Propheten Joel, die wir vorhin als Zitat aus der Apostelgeschichte gehört haben. (Joel 3,1-5). Mir fallen da auch die Worte aus dem Buch des Propheten Jesaja ein. Da heißt es an einer Stelle: Gott spricht:

Ich will meinen Geist auf deine Kinder gießen und meinen Segen auf deine Nachkommen. (Jesaja 44,3)

Oder ich denke an das Wort des Propheten Hesekiel: *Gott spricht: Ich will euch ein neues Herz und einen neuen Geist in euch geben. (Hesekiel 36,26)*

Gott erfüllt, was er versprochen hat. Damals am ersten Pfingsttag in Jerusalem wurde das Versprechen erfüllt. Der Heilige Geist kam über die Menschen, die sich dort in Jerusalem versammelt hatten.

Der Heilige Geist ist seitdem am Werk. Er findet seitdem eine offene Tür, da wo zwei oder drei oder noch mehr in Jesu Namen versammelt sind und um seine Gegenwart bitten. So wirkt er auch jetzt in dieser Stunde mitten unter uns. Unser Predigttext spricht davon, daß der Heilige Geist das ganze Haus erfüllte. Davon ist jetzt zu reden.

Zweitens: Der Heilige Geist erfüllte das ganze Haus.

Gott gab damals seinen Geist unter sichtbaren Zeichen, die das Auge und Ohr wahrnehmen konnten. Der Wind als Symbol für den Geist drückt Bewegung aus, Dynamik, Kraft. Das Symbol des Feuers will sagen, daß der Geist verbrennt und verzehrt, was unrein ist, daß er damit die Voraussetzung schafft für ein neues Leben.

Pfingsten sollte für jede Gemeinde Anlaß sein, darüber nachzudenken, welcher Geist es ist, der in ihr wirkt. Denn nicht jeder Geist ist von Gott. Ich möchte drei Kennzeichen einer geisterfüllten Gemeinde nennen, die eben in einem Haus, in einem Raum zusammenkommt.

Geisterfüllte Gemeinde ist eine auf das Wort Gottes hörende Gemeinde.
Der Heilige Geist macht uns die Bibel verbindlich und macht sie zu einer unverrückbaren Autorität. Er macht uns das Wort der Schrift so lebendig und so gleichzeitig, daß wir uns getroffen fühlen und spüren: Das ist ja unsere Geschichte, um die es da geht. Das sind ja meine Fragen, die ich da wiederfinde. Das sind ja Antworten, auf die ich gewartet habe. Geisterfüllte Gemeinde ist also zuallererst einmal hörende Gemeinde.

Geisterfüllte Gemeinde ist betende Gemeinde.
Ich will ausgießen den Geist der Gnade und des Gebets. So steht es in der Bibel (Sacharja 12,10). Der Geist führt uns in die Gemeinschaft und öffnet den Mund zum „Vater unser im Himmel".Leben wir in einer Gemeinde, deren höchste Aktivität es ist, im Gespräch mit ihrem Gott zu sein? Christen, die das tun, sind die eigentlichen Segensträger in unserer Kirche, in unserer Stadt, in unserem Land. Die geisterfüllte Gemeinde ist hörende und betende Gemeinde.

Und sie ist dadurch vollmächtige Gemeinde.
Ich sage nicht: machtvolle Gemeinde, sondern vollmächtige Gemeinde. Überall dort, wo die Kirche Macht ausüben will, zerstört sie ihre Autorität. Diese Autorität hat sie nämlich allein durch ihre Botschaft, allein durch Jesus, der auch keine Macht beanspruchte, sondern allein durch seine Worte wirkte und wirkt. Wir brauchen keine Machtkirche, sondern wir brauchen vollmächtige Gemeinden.

Zu dieser Vollmacht des Geistes gehört die äußere Ohnmacht, gehört die Gestalt des Kreuzes, gehört auch der Spott, der gelegentlich über die Christen ausgegossen wird. Das war vom ersten Tag an so. Schon am Geburtstag der Kirche war das so, wie der kleine Zwischenfall zu erkennen gibt, der uns hier mitgeteilt wird. Da kommen einige ungläubige Menschen des Weges, hören den Jubel dieser ersten christlichen Gemeinde und schütteln darüber nur den Kopf in der Meinung, die sind wohl betrunken: *Sie sind voll von süßem Wein. (13)* Wer nicht selber Christ ist, kann ja auch kaum begreifen, warum Christen gern in die Gemeinde, in den Gottesdienst kommen, daß man sich dafür durch den Geist Gottes begeistern kann.

Drittens: Unser Abschnitt spricht vom erfüllten Herzen: ...und sie wurden alle erfüllt von dem heiligen Geist. (4)

Der Heilige Geist kommt in die Herzen der Menschen. Das kann ganz überraschend geschehen, so wie es damals auch ganz überraschend über die Männer und Frauen kam, die da in Jerusalem versammelt waren. Manche von uns haben es doch ähnlich erlebt, daß ihr Glaubensleben lebendig wurde, als sie eines Tages wie von einem Blitz aus dem Himmel getroffen wurden.

Ich erzähle in diesem Zusammenhang immer gern die Geschichte von einem in Frankreich bekannten Journalisten, André Frossard. Er schreibt in seinem Buch „Gott existiert": Ich bin ihm als Zwanzigjähriger unvermutet begegnet. Mitten in Paris war ich mit einem Freund verabredet. Der kam aber nicht. Da ging ich eigentlich nur so zum Zeitvertreib in eine kleine Kirche, die dort an der Straße lag.

„Um 17 Uhr 10 Minuten war ich ... eingetreten und verließ sie um 17 Uhr 15 Minuten im Besitz einer Freundschaft, die nicht von dieser Erde war. Als ein Skeptiker und Atheist der äußersten Linken war ich eingetreten... - ich ging wenige Minuten später hinaus als ein... zur Taufe bereites Kind..."
(André Frossard: Gott existiert. Freiburg i. Br. 1972, 11.Aufl. 1991, S. 8)

Was war da geschehen? Was ist das für eine Kraft, die einen Menschen, der sich bisher überhaupt nicht für Gott, Glauben und Kirche interessierte, so urplötzlich in seinen Bann ziehen kann? Das ist der Geist Gottes, der weht, wann und wo er will.

Der Geist Gottes erfüllt uns mit seiner Liebe, mit der Liebe zu Jesus und damit verstärkt und vertieft er unsere Liebe untereinander. Das spüre ich auch in dieser Gemeinde: so viel Liebe, so viel Herzlichkeit!

Danach sehnen wir uns ja alle. Das Schönste, was ein Mensch in seinem Leben überhaupt bekommen kann, ist Liebe. Alle Liebe, die wir weitergeben, haben wir vorher empfangen. Der Apostel Paulus schreibt an die Gemeinde in Rom:

Die Liebe Gottes ist ausgegossen in unsre Herzen durch den heiligen Geist, der uns gegeben ist. (Römer 5,5)

Damit seine und unsere Liebe stark und dauerhaft bleiben kann, braucht sie aber selber eine ständige Erneuerung - und auch Korrektur. Und die bekommen wir aus dem Wort Gottes. Nur so werden wir bereit und fähig, den Willen Gottes zu erkennen und zu tun. Es heißt in unserem Predigttext: ... *und sie wurden alle erfüllt von dem heiligen Geist und fingen an, zu predigen in andern Sprachen... (4)*

Das Wunder, das an Pfingsten geschehen ist, ist ja gerade das gewesen, daß jeder verstehen konnte in seiner Sprache, was verkündigt wurde.

Viel Verwirrung gibt es in der Welt! Viel Sprachverwirrung, nicht nur durch die verschiedenen Sprachen, sondern auch innerhalb ein und derselben Sprache! Da verstehen Eltern ihre Kinder nicht. Da verstehen sich Ehepaare nicht mehr. Da reden Politiker aneinander vorbei. Da verstehen sich manche nicht einmal mehr in der eigenen Gemeinde.

Aber überall dort, wo sich Menschen bedingungslos unter das Wort stellen und um die Führung durch den Heiligen Geist bitten, da geschieht das Wunder: man versteht sich: ganz gleich, welche Sprache man spricht, ganz gleich, ob Mann oder Frau, ganz gleich, aus welchem Kulturkreis und aus welchem sozialen Umfeld man kommt. Das erfüllte Herz öffnet den Mund, will das, was einem wichtig geworden ist, anderen mitteilen.

Jesus hatte seinen Jüngern zum Abschied gesagt: *ihr werdet die Kraft des heiligen Geistes empfangen, der auf euch kommen wird, und werdet meine Zeugen sein... (1,8)*

Das Zeugnis, das der Geist wirkt, ist ein klares Zeugnis und ein Bekenntnis zu Jesus Christus: Diesen Jesus hat Gott auferweckt von den Toten, des sind wir Zeugen. So lesen wir es immer wieder in der Apostelgeschichte. (2,24.32; 3,15.26; 4,10; 5,30 usw.)

Dieses Zeugnis, das der Geist wirkt, ist ein freudiges Zeugnis. Es heißt immer wieder von den Aposteln, daß sie mit „Freudigkeit" Zeugnis ablegten, also nicht verbissen, nicht mißmutig, nicht so, daß man ihnen am liebsten „Herzliches

Beileid" wünschen möchte, sondern was sie sagten, kam aus der Freude des Herzens heraus und aus einem tiefen inneren Frieden.

Aber das ist nun die entscheidende Frage: Ist Ihr, ist Dein Herz erfüllt vom Heiligen Geist? Ist der Heilige Geist in unserem Leben der Motor unseres Denkens und unseres Tuns?

Viele Christen haben irgendwann einen Start in ihrem Christenleben gehabt. Sie doch wahrscheinlich auch! Aber viele sind dann irgendwo auf den Wegen des Alltags wieder liegen geblieben. Wenn ich einmal einen lockeren Vergleich bringen darf: Ein Auto ohne Sprit bleibt unterwegs liegen. Das Wort *Sprit* ist übrigens abgeleitet vom lateinischen *spiritus*, was soviel wie *Geist* heißt. *Spiritus sanctus* heißt übersetzt: *Heiliger Geist*.

Ein Mensch ohne diesen Sprit begibt sich in die Gefahr, daß er irgendwann liegenbleibt. So wie ein Auto, das benutzt wird, Kraftstoff verbraucht, so verbrauchen auch wir ständig Kraft, nicht nur körperliche, auch geistige, auch seelische Kraft. Und darum müssen wir immer wieder nachtanken. Der Gottesdienst ist dafür die richtige Tankstelle. Darum sollten wir alles daran setzen, daß uns der Sonntag als Feiertag, als Ruhetag erhalten bliebt, als Tag des Auftankens. Der Heilige Geist füllt unsere Zeit, unsere Häuser, unsere Herzen.

So soll es sein und alle Tage bleiben:

> *Die Liebe Gottes ist ausgegossen in unsre Herzen*
> *durch den heiligen Geist, der uns gegeben ist. (Römer 5,5)*
> *Amen.*

Trinitatis (Tag der Heiligen Dreifaltigkeit)

Predigt über Römer 11, 32-36

32 Denn Gott hat alle eingeschlossen in den Ungehorsam, damit er sich aller erbarme.
33 O welch eine Tiefe des Reichtums, beides, der Weisheit und der Erkenntnis Gottes! Wie unbegreiflich sind seine Gerichte und unerforschlich seine Wege!
34 Denn »wer hat des Herrn Sinn erkannt, oder wer ist sein Ratgeber gewesen«? (Jesaja 40,13)
35 Oder »wer hat ihm etwas zuvor gegeben, dass Gott es ihm vergelten müsste«? (Hiob 41,3)
36 Denn von ihm und durch ihn und zu ihm sind alle Dinge. Ihm sei Ehre in Ewigkeit! Amen.

Liebe Gemeinde!

Heute begehen wir das Trinitatisfest. Es zählt zu den bedeutenden Festen der Christenheit. Aber es ist in unserem Land nie so populär geworden wie etwa in einer der ältesten Kirchen der Christenheit, der äthiopischen. Für die Christen in diesem nordafrikanischen Land ist Trinitatis das bewegendste Fest des Jahres. Ein Kenner dieser Kirche schrieb: „An Bedeutung für das Leben des christlichen Volksteils ist es vergleichbar etwa dem Weihnachtsfest in Deutschland." (Karl-Alfred Odin)

Das Fest der Heiligen Dreifaltigkeit, wie es auch genannt wird, bildet den Scheitelpunkt im Kirchenjahr. Die sogenannte festliche Hälfte des Kirchenjahres reicht von Advent bis Pfingsten. Die festarme Hälfte des Kirchenjahres beginnt mit dem Trinitatissonntag und zählt, je nach Ostertermin, 19 - 24 Sonntage nach Trinitatis. Lediglich am Ende der Trinitatiszeit finden wir einige herausgehobene Tage wie Erntedankfest, Reformationstag, Buß- und Bettag sowie den Ewigkeitssonntag, mit dem das Kirchenjahr schließt.

Das Trinitatisfest will uns das dreifache Tun des einen Gottes vor Augen führen: Gott ist der Schöpfer, er erlöst uns in und durch Jesus Christus, er stärkt und leitet und tröstet uns durch seinen heiligen Geist. Und darum begin-nen wir jeden Gottesdienst im Namen Gottes, des Vaters, des Sohnes und des Heiligen Geistes. Und darum bekennen wir auch in jedem Gottes-dienst diese Dreiheit, wenn wir gemeinsam das Glaubensbekenntnis sprechen.

Wir haben soeben den Predigttext gehört und fragen uns jetzt vielleicht, wo der Bezug dieser Worte des Paulus zum Trinitatissonntag liegen soll? Dazu später mehr.

Wir spüren, wie sehr Paulus von der Allmacht Gottes ergriffen ist und wie er über das Handeln Gottes staunt. Worüber staunt er? Man müßte dazu die drei Kapitel zuvor gelesen haben, um den Grund seines Staunens besser zu begreifen.

Unser Predigttext bildet den Abschluß der Kapitel 9 - 11, in denen es um Gottes Weg mit Israel geht. Paulus staunt darüber, daß Gott an seiner Treue zu Israel immer noch festhält, obwohl viele Juden das Evangelium ablehnen, und daß Gott sich im Evangelium über die Heiden erbarmt hat, obwohl diese ihm ungehorsam waren:

Gott hat alle eingeschlossen in den Ungehorsam,
damit er sich aller erbarme. (32)

Dieses Erbarmen kann Paulus nicht begreifen. Es ist ihm zu hoch. Der Jude Paulus steht in diesem Streit ganz eindeutig auf der Seite der Christen. Ihm liegt alles daran, daß Jesus der Christus, der von den Propheten verheißene Messias, ist. Zugleich aber erklärt er, daß die Ver-werfung Jesu Christi durch die Juden nicht die Treue Gottes gegenüber
seinem Volk ungültig machen kann.

Es ist und bleibt das Volk, das Gott erwählt hat - nicht weil es größer oder edler wäre als andere, sondern weil er nach seinem unerforschlichen Ratschluß mit diesem Volk seine Geschichte mit allen Menschen angefangen hat und vollenden wird.

Manchen kommen mit dieser Spannung zwischen diesen beiden Polen nicht zurecht. In vergangenen Zeiten hat man sie meist nicht ertragen und dann so aufgelöst, daß die Juden dann doch als das von Gott verworfene Volk galten - mit all dem Schrecklichen, das daraus folgte.

Paulus aber sagt uns: wir müssen diese Spannung aushalten. Er kann das am Ende seiner drei großen Israel-Kapitel nur bekennend sagen:

O welch eine Tiefe des Reichtums, beides,
der Weisheit und der Erkenntnis Gottes! (33)

Man kann nur dankbar und staunend vor diesem Gott stehen, der sich beider erbarmt, den Juden und denen, die aus dem Heidentum herkommen. Das ist ein Erstaunen, daß uns froh und dankbar stimmen sollte.

Aber da ist noch ein anderes Erstaunen oder besser ein Nichtbegreifen.
So unbegreiflich Gottes Erbarmen ist, so unbegreiflich sind auch seine Wege mit uns. Immer wieder geschehen Dinge, die uns völlig unbegreiflich vorkommen.

Kürzlich fand die Trauerfeier für einen Arzt statt, der von einem Patienten erschossen wurde. Der Patient hatte sich von diesem Arzt röntgen lassen. Als der ihm erklärte:
Sie können beruhigt sein. Ihr Befund ist gut. Sie sind organisch gesund - zog der Patient die Pistole und erschoß ihn. Was für eine sinnlose Tat! So denken viele.

Oder ich denke an das furchtbare Eisenbahnunglück, das sich am vergangenen Mittwoch in dem kleinen Ort Eschede bei Celle ereignet hat: fast hundert Tote und viele Verletzte. Einfach grauenhaft! Was für ein sinnloses Sterben! So denken viele.

Wie paßt das mit dem Gott zusammen, von dem wir sagen, er sei all-mächtig und er sei die Liebe? Es gibt unzählig viele ungelöste Fragen, die kein menschlicher Verstand zwischen Himmel und Erde ergründen und erklären oder begreifen kann. Und dennoch: wenn so etwas Unbegreifliches geschieht, überkommt uns ein quälendes Fragen.

Ich denke da an ein berühmtes Beispiel. Der große Dichter Goethe schreibt in seiner Selbst-Biographie „Dichtung und Wahrheit", wie er als Kind von einer furchtbaren Katastrophe erfuhr, bei der auf einen Schlag ca. 60.000 Menschen ums Leben kamen. Goethe bekennt, wie er dadurch in seinem kindlichen Gottvertrauen zutiefst erschüttert wurde. Er schreibt:

„Am 1. November 1755 ereignete sich das Erdbeben von Lissabon und verbreitete über die in Frieden und Ruhe schon eingewohnte Welt einen ungeheuren Schrecken. ... Die Nachricht davon verbreitete sich erst all-gemein, dann aber mit schrecklichen Einzelheiten. Der Knabe, der alles dieses wiederholt vernehmen mußte, war nicht wenig betroffen. Gott, der Schöpfer und Erhalter Himmels und der Erden, den ihm die Erklärung des ersten Glaubensartikels so weise und gnädig vorstellte, hatte sich, indem er die

Gerechten mit den Ungerechten gleichem Verderben preisgab, keineswegs väterlich bewiesen."

Goethe hat seitdem nie wieder zu einem unbefangenen Gottesglauben zurückgefunden. Ähnliches haben andere erlebt. Es gibt Geschehnisse, die uns unverständlich sind und unverständlich bleiben werden! Wer da sagt, er verstünde Gott immer und in allem, der macht es sich zu leicht, und wir haben allen Anlaß, die Echtheit einer solchen Behauptung in Zweifel zu ziehen.

Die uralte Frage der Menschen nach dem Warum kann nicht in jedem Fall vom Menschen her gelöst werden! Selbst Christus sagte:
Oder meint ihr, daß die achtzehn, auf welche der Turm von Siloah fiel und erschlug sie, schuldiger gewesen sind als alle andern Menschen, die in Jerusalem wohnen? (Lukas 13,4)

Es ist schon so, wie es Paulus hier schreibt:

> *Wie unbegreiflich sind seine Gerichte*
> *und unerforschlich seine Wege! (33)*

Ein Prediger hat einmal aufgezählt, was wir Gott am liebsten sagen möchten und wie alles sein müßte:

Ist es weise von Gott gewesen, die Welt so erschaffen, daß wir sie so furchtbar mißbrauchen und zerstören können?

Ist es weise von ihm, Menschen, die so schreckliche Dinge vorhaben, nicht auf der Stelle an der Ausführung zu hindern?

War es weise, daß der Erlöser der Welt in einem Winkel der Welt geboren wurde, in dem er doch nur relativ wenigen Menschen begegnete?

War es weise, daß Jesus sich Jünger wählte, die ihn im Stich ließen, als es gefährlich wurde?

War es weise, daß Jesus am Kreuz scheinbar machtlos den Spott der Umstehenden über sich ergehen lassen mußte?

War es weise, bei der Auferstehung nur den Jüngern zu erscheinen und nicht gleich vor aller Welt seine Macht zu zeigen?

War es weise, die Weiterverbreitung seiner Botschaft nur dem beschei-denen Wort seiner Jünger anzuvertrauen und nicht mit anderen Mitteln nachzuhelfen?

Ist es weise, heute so vielen Verkündigern seines Evangeliums, deren Botschaften sich teilweise widersprechen, zuzuschauen, ohne durch ein deutliches Zeichen vom Himmel klar zu machen, wer recht hat?

Ist es weise, so lange mit der Wiederkunft Jesu zu warten und so lange mit uns geduldig zu sein?

Auf alle diese Fragen können wir nur mit Paulus anworten:
Wer hat des Herrn Sinn erkannt, und wer ist sein Ratgeber gewesen? (34)

Was wir mit einer erstaunlichen Hartnäckigkeit aus unserem Leben als Sinn immer wieder herausholen möchten, das gibt es nicht so, wie wir es im Augenblick hören möchten. Es gibt nur eine Antwort. Hier steht sie:

Von ihm und durch ihn und zu ihm sind alle Dinge. (36)

Das müssen wir festhalten.Mit unserem Denken greifen wir zu kurz und auch mit unserer Weisheit erfassen wir nicht die Weisheit Gottes. Mit unserem Urteil liegen wir vor Gott allemal schief. Darum müssen wir es uns heute gerade durch diesen Predigttext einmal sagen lassen, daß wir nur dann vor dem Gefühl der Sinnlosigkeit und der Leere bewahrt bleiben, wenn wir offen bleiben für neue Erfahrungen mit Gott.

Es ist nämlich zweierlei, ob ich einen mehr oder weniger frommen Gedanken denke - oder ob ich Gott immer wieder anrede, wie ich einen lebendigen Menschen auch immer wieder anreden muß. Mit anderen Worten: nur in einer lebendigen Beziehung erlebe ich den andern.

Auf Gott bezogen heißt das: nur im Gebet, nur in der Anbetung bleibe ich für Gott offen.
*Welch eine Tiefe des Reichtums, beides,
der Weisheit und der Erkenntnis Gottes...*

Das ist Ausdruck der Anbetung. Ich habe nachgelesen, was ein alter Aus-leger der Heiligen Schrift, Johann Albrecht Bengel, zu dieser Stelle im
Römerbrief schreibt.
Er hat alles mögliche zusammengetragen, was dies oder jenes Wort im

Griechischen, im Lateinischen oder im Hebräischen bedeutet, den Zusammenhang und dergleichen mehr. Aber am Schluß seiner wissen-schaftlichen Bemühung schreibt Bengel nur einen kleinen Satz:

O Gott, dir sei Ehre in Ewigkeit.

Hätte er sich diese doch sehr private Äußerung nicht sparen können? Was soll dieser Wechsel vom exakten Denken in die Ungenauigkeit eines Lobgesangs? Nein, er hätte es sich nicht sparen können. Denn ohne Anbetung wird alle Exaktheit krumm und schief.

In den Worten *von ihm und durch ihn und zu ihm sind alle Dinge* hat man seit alters her in der Kirche einen Hinweis auf den dreieinigen Gott gesehen, indem man

von ihm auf den Vater hindeutete,
durch ihn auf Gott den Sohn und
zu ihm auf Gott den Heiligen Geist.

Und darum wurde dieser Text von einer Liturgischen Konferenz der Kirche dem Sonntag Trinitatis zugeordnet, dem Tag der heiligen Dreifaltigkeit.

In den ersten Jahrhunderten hat man versucht, das Geheimnis der Trinität gedanklich zu zerlegen. Es war der Versuch, das im Grunde Unfaßbare in eine faßbare Formel zu bringen. Immer wieder haben Theologen versucht, das Geheimnis der Trinität in anschauliche Bilder zu übertragen:

Der Kirchenlehrer Athanasius sparch von der Dreiheit der Pflanze als Wurzel - Blume - Duft.

Ein anderer Theologe der frühen Kirche - Tertullian - versuchte es mit dem Vergleich: Sonne - Licht - Wärme.

Dionysios von Alexandrien wies auf die Dreiheit von Brunnen - Quelle - Fluß hin.

In der Zeit des Barock hat man die Trinität sehr einfach darzustellen ver-sucht als gleichschenkliges Dreieck mit einem Auge in der Mitte.

Luther gab eine besonders originelle und auch einleuchtende Deutung der Rede von den drei Personen Gottes: Vater - Sohn - Heiliger Geist. Er wies daraufhin, dass der Ausdruck *Person* (*persona*) aus dem Lateinischen kommt und dort eigentlich *Maske* bedeutet. Das dazu gehörige Verb heißt im Lateinischen *personare, hindurchtönen*. Man stelle sich einen einzigen Schauspieler vor, der z.B. in abwechselnden Auftritten durch drei verschiedene Masken hindurchtönt und somit drei „Personen" darstellt. Von daher konnte Luther von der Trinität als dem großen „Mummenschanz Gottes" sprechen.

Aber an all diesen Deutungsversuchen zeigt sich, dass letztlich nur in der Anbetung das Geheimnis Gottes, wenn überhaupt, erfaßt werden kann.
Das betrifft nicht nur die Rede von den drei Personen, sondern auch grundsätzlich das Schalten und Walten Gottes.

Von ihm und durch ihn und zu ihm sind alle Dinge.

Ich glaube, daß auch in dem, was uns unbegreiflich erscheint, was uns vielleicht sogar sinnlos vorkommt, ein Sinn waltet - von Gott her. Auch wenn wir es nicht begreifen können, kann das, was so unbegreiflich in unser Leben hineinschlägt, ein heilsamer Anstoß sein, neu über vieles nachzudenken, über unser Leben und alles, was damit zusammenhängt.

Muß uns nicht manchmal erst etwas genommen werden, damit wir bereit werden, uns noch viel stärker unserem Heiland anzuvertrauen? Ich finde es so treffend und tröstlich zugleich, wie es Julie Hausmann in dem bekannten Lied „So nimm denn meine Hände" ausgedrückt hat:

„Wenn ich auch gleich nichts fühle von deiner Macht,
du führst mich doch zum Ziele auch durch die Nacht." (EG 376,3)

Angesichts der vielen Fragen, die uns beunruhigen, die uns Sorgen machen, die uns niederdrücken und quälen, hat Jesus den Rat gegeben:
Dreh' die Reihenfolge um und bring nicht zuerst deine Fragen vor Gott, sondern bringe zuerst dein Leben mit Gott in Ordnung.

Das soll deine Hauptsorge sein. Die Hauptsorge für die Hauptsache. Das Wichtigste im Leben ist und bleibt der Kontakt mit Gott. Kontakt mit Gott heißt anders ausgedrückt: beten.

Mach aus Sorgen ein Gebet - das ist der Weg zur Heilung unserer angeschlagenen Seelen. Mach aus Sorgen ein Gebet - das ist der Titel eines Liedes, das hier vor ein paar Jahren anläßlich einer Jugend-Evangelisa-tion mit dem Chemnitzer Jugendpfarrer Dr. Theo Lehmann gesungen wurde.

„Wenn dein Hoffen hoffnungslos ist,
wenn dein Sehnen Sehnsucht bleibt,
wenn dein Zweifeln noch mehr zunimmt,
wenn du haltlos resignierst:
Mach aus Sorgen ein Gebet.
Mach aus Sorgen ein Gebet,
wenn du Hilfe brauchst.

Wenn du fertig und kaputt bist,
wenn dein Schreien dir nicht hilft,
wenn du dich so einsam fühlst,
wenn du Gott nicht mehr verstehst:
Mach aus Sorgen ein Gebet.
Mach aus Sorgen ein Gebet,
wenn du Hilfe brauchst."

Liebe Gemeinde, solange wir atmen, so lange wir leben, so lange werden Fragen bleiben. Manche Fragen, die uns beschäftigen, werden beantwor-tet, manche vielleicht erst später. Entscheidend aber ist und bleibt, daß wir alles - das, was wir begreifen und das, was uns unbegreiflich ist - aufgehoben wissen bei Gott.

Denn von ihm und durch ihn und zu ihm sind
alle Dinge. Ihm sei Ehre in Ewigkeit. Amen.

Tag der Geburt Johannes des Täufers - 24. Juni

Predigt über Jesaja 40, 1-8

1 Tröstet, tröstet mein Volk!, spricht euer Gott.

2 Redet mit Jerusalem freundlich und predigt ihr, dass ihre Knechtschaft ein Ende hat, dass ihre Schuld vergeben ist; denn sie hat doppelte Strafe empfangen von der Hand des HERRN für alle ihre Sünden.

3 Es ruft eine Stimme: In der Wüste bereitet dem HERRN den Weg, macht in der Steppe eine ebene Bahn unserm Gott!

4 Alle Täler sollen erhöht werden, und alle Berge und Hügel sollen erniedrigt werden, und was uneben ist, soll gerade, und was hügelig ist, soll eben werden;

5 denn die Herrlichkeit des HERRN soll offenbart werden, und alles Fleisch miteinander wird es sehen; denn des HERRN Mund hat's geredet.

6 Es spricht eine Stimme: Predige!, und ich sprach: Was soll ich predigen? Alles Fleisch ist Gras, und alle seine Güte ist wie eine Blume auf dem Felde.

7 Das Gras verdorrt, die Blume verwelkt; denn des HERRN Odem bläst darein. Ja, Gras ist das Volk!

8 Das Gras verdorrt, die Blume verwelkt, aber das Wort unseres Gottes bleibt ewiglich.

Vorbemerkung

Johannes der Täufer ist der letzte Prophet des Alten Bundes. Er steht bereits auf der Schwelle zum Neuen Bund. Niemand hat die Bedeutung von Johannes dem Täufer so groß rausgestellt wie Christus. Er nannte ihn den Größten *unter allen, die von einer Frau geborenen sind.* (Matthäus 11,11) In diesem Zusammenhang sei auch an Martin Luther erinnert. In seinem letzten schriftlichen Dokument, dass er unmittelbar vor seinem Tod niedergeschrieben hat, erwähnt er ausdrücklich den Täufer Johannes: „Die Heiligen Schriften meine niemand genugsam geschmeckt zu haben, wenn er nicht die Gemeinden hundert Jahre mit den Propheten geleitet hat. Denn gewaltig ist das Wunder 1. des Täufers Johannes, 2. Christi, 3. der Apostel. ... Wir sind Bettler. Das ist wahr." Sechs Monate vor Weihnachten begeht die Kirche das Fest zum Gedenken an die Geburt Johannes des Täufers. Das Aufkommen dieses Festes ist seit dem 4. Jahrhundert belegt.

Der Johannistag wird als Christusfest gefeiert, weil der Täufer - trotz Kerkerhaft und Enthauptung - nicht ein christlicher Märtyrer, sondern der Vorläufer des Herrn ist. Darum ist die liturgische Farbe weiß und nicht rot.

Das Evangelium für diesen Tag steht in Lukas 1,57-68 (-80). Die Epistel - erst in der Reformationszeit diesem Tag zugeordnet - lesen wir in Jesaja 40,1-8, vorher Jesaja 49,1-6.

Liebe Gemeinde!

Der längste Tag des Jahres liegt gerade hinter uns. Die Tage nehmen wieder ab - bis auf die Zeit hin, in der wir das Kommen Jesu Christi feiern. Das ist ein Gleichnis für das, was Kern und Stern der Botschaft des Mannes war, an den wir heute besonders denken: Johannes der Täufer. Denn das war eine ganz wesentliche Aussage seiner Botschaft: *Er muß wachsen, ich aber muß abnehmen. (Johannes 3,30)*

Johannes predigte und taufte am Jordan, am Rande der Wüste, wenige Kilometer von Jerusalem entfernt. Das Volk strömte zu ihm. Ein Jüngerkreis bildete sich um ihn. Aber Johannes ließ sich davon nicht blenden. Er blieb dabei: *Er muß wachsen, ich aber muß abnehmen.*

Damit erfüllte sich die Weissagung des Propheten Jesaja, die unserer heutigen Predigt zugrunde liegt. Es geht dabei um die Wüste, um das Wort und um den Weg Gottes.

Erstens: die Wüste.

Jesaja setzt ein mit dem Bild der Wüste. Eine Wüste entsteht nicht von heute auf morgen. Es dauert eine Zeit, ehe ein Landstrich verwüstet. Wir brauchen keine weite Reise zu unternehmen, um in die Wüste zu gelangen. Leben nicht auch wir - im Bilde gesprochen - weithin in der Wüste?

Unter dem Wüstensand im Nahen Osten oder in Nordafrika liegen ganze Städte begraben. Es ist erstaunlich, was bei Ausgrabungen alles ans Tageslicht kommt! Nicht anders ist es in der Wüste, in der wir heute leben. Was liegt da alles begraben? Ich denke an die Geschichte des Abendlandes mit ihren Höhen und Tiefen, besonders mit ihren christlichen Werten.

Wüste, das ist ein Raum, in dem es keine Orientierung gibt. Woran auch sollte man sich orientieren? Kein Baum, kein Strauch so weit das Auge reicht. Und sieht nicht weithin so unser Lebensraum aus - eine Welt ohne Orientierung?

Ich denke an die vielen Menschen, die ihre innere Unsicherheit in und Lebensangst mit erhöhter hektischer Betriebsamkeit zu verdecken suchen.

Ich denke an die steigende Anzahl der Süchtigen. Was ist denn Sucht anderes als der Versuch, mittels Drogen der seelenlosen Wüste wenigstens für Stunden durch den Rausch zu entfliehen und in der Betrachtung der selbst gemachten Fata Morgana die eigene Trostlosigkeit zu vergessen.

Ich denke dabei auch an viele Menschen in den neuen Bundesländern, die dem Traum von einem Land nachjagen, in dem Milch und Honig fließen, aber vor der Frage fliehen, wie sie mit der Verwüstung ihrer eigenen Geschichte fertigwerden wollen.

Ich denke aber auch an unsere Kirche, an die sogenannte Volkskirche. Deutschland, das Kernland der Reformation, das Land, das einstmals viele blühende Gemeinden hatte, ist auch kirchlich weithin verwüstet. Mit einem Wort: ich denke an die vielen, die Gott verloren haben, die sein Wort nicht mehr hören und sich darum so arg schwer tun - in allem.

Wüsten werden nicht so leicht beseitigt. Friedrich Nietzsche, der große Denker, der im 19. Jahrhundert durch seine maßlosen Angriffe auf die überlieferten Werte des biblischen Glaubens zur Verwüstung unserer christlichen Welt beitrug, hat ein hellsichtiges Wort - allerdings ein Gerichtswort ungewollt über sich selbst! - gesprochen: „Die Wüste wächst. Weh' dem, der Wüsten in sich birgt."

Zweitens: das Wort.

Aber - und jetzt kommt Gott sei Dank das große „aber". In dieser Wüste ist nämlich etwas zu hören: Es ist eine Stimme eines Predigers in der Wüste. Welch eine Chance! Da diese Stimme noch gehört werden kann, gibt Hoffnung auf eine Wende, gibt Zuversicht für das Heute und für das Morgen. Da diese Stimme mit Kraft erfüllen kann, was schon sterben will, das ist doch eine ganz starke Ermutigung für die Zukunft.

Allein die Tatsache, daß da überhaupt in der endlosen Weite der Wüste eine Stimme zu hören ist, ist ein starker Trost. Stellen Sie sich das einmal ganz praktisch vor: ein Mensch, der sich in der Wüste verirrt hat, der nicht mehr ein noch aus weiß, der von Hunger und Durst geplagt ist, hört eine Stimme! Und diesmal ist es keine Halluzination. Welch ein Trost!

Und mehr noch, diese Stimme spricht ausdrücklich: *Tröstet, tröstet...(1)* Zum Trösten gehört zuerst die richtige Anrede - schlicht und warmherzig: *mein Volk (1)*. Ihr seid nicht der Spielball fremder Mächte. Ihr seid nicht ein Raub der großen Tiere in den Wüsten dieser Welt. Nein, ihr seid mein Volk.

So kann nur Gott selbst reden - durch den Mund des Propheten. Trösten ist das Gegenteil von Vertrösten, von Verharmlosen nach dem Motto: Kopf hoch, das Leben geht weiter! Nein, trösten heißt - biblisch - ganz handfest helfen: Du kannst dich auf meine Hilfe verlassen. Trösten hängt mit Treue zusammen. Ich bin für dich da. Ich verlasse dich nicht.

Die Stimme des Trostes sagt durchaus nicht nur, was das Volk hören will: *Alles Fleisch ist Gras... Das Gras verdorrt, die Blume verwelkt... (6)* Wer will das hören? Wer läßt sich schon gern daran erinnern, daß alles Irdische vergänglich ist? Aber nur wer dieser Tatsache ins Auge sieht, kann den Trost ermessen, daß in allem Wechsel, in allem Werden und Vergehen etwas ist, was immer da ist, was immer Halt und Hilfe gibt: *das Wort unseres Gottes bleibt ewiglich. (8)*

Da steht dieses kraftvolle Wort in der Wüste unseres Lebens. Was haben wir von diesem Wort? Es gibt uns Orientierung wie kein anderes. Es verhilft uns zur Klarheit über uns selbst. Es deckt unsere Schuld auf. Aber es spricht uns auch die Vergebung zu, wenn wir aufrichtig darum bitten. Es ermöglicht uns einen neuen Anfang.

Hunderte von Jahren nach dem Propheten Jesaja kam einer, der genau dieses vollmächtig predigte. Das war Johannes der Täufer Johannes: *Tut Buße, denn das Himmelreich ist nahe herbeigekommen! Denn dieser ist's, von dem der Prophet Jesaja gesprochen und gesagt hat: 'Es ist eine Stimme eines Predigers in der Wüste.'* Es waren harte Worte, die er sprach. Aber auch harte Worte können hilfreich sein, wenn sie nicht aus einem harten, sondern aus einem von Gottes Geist erfüllten Herzen kommen.

Haben wir nicht unseren Kindern auch manches Mal ein deutliches Wort sagen müssen?

Und mußte unser himmlischer Vater nicht auch manches Mal ein strenges Wort sprechen, um seine Menschenkinder aus ihrer Traumwelt und aus ihren Wüsten herauszuholen?

Die Worte des Wüstenpredigers laufen der einladenden Freundlichkeit des Heilandes voraus: *Redet mit Jerusalem freundlich...(2)*, mit den Verirrten und Verwirrten und Verführten, mit dem Volk, das Trost sucht. In der Stimme des Wüstenpredigers weht auch der Geist der Freiheit. Das Volk Israel - das sei an dieser Stelle einmal in Erinnerung gebracht - hatte ja gerade eine fünf Jahrzehnte währende Gefangenschaft in Babylon, in der Sklaverei hinter sich.

Die Gefangenschaft in den Bindungen widergöttlicher Mächte ist hart, aber sie ist für den Glaubenden nie endlos. Die Stimme des Predigers in der Wüste ruft in die Freiheit, denn sie ruft zu dem, der uns wie kein anderer befreien kann von dem, was uns immer wieder zu schaffen macht: Angst vor der Zukunft, Angst vor den Folgen der Schuld und schließlich Angst vor dem Tod. Laßt uns in der Wüste die Ohren auftun für diese tröstliche und freundliche, zur Freiheit rufende Stimme.

Drittens: der Weg.

Was aber sagt diese Stimme in der Wüste? *In der Wüste bereitet dem HERRN den Weg, macht in der Steppe eine ebene Bahn unserm Gott!*

Eine Straße soll gebaut werden. Zwei Arten von gewaltigen Straßen wurden damals gebaut: Einmal die Prozessionsstraßen, auf denen die Heidengötter verehrt wurden. Das Volk sollte sehen, wie herrlich diese Götter sind. Außerdem ließen die Herrscher zur eigenen Verherrlichung durch ein Heer von Arbeitssklaven große Prachtstraßen anlegen. Alle Welt sollte ihre Macht sehen und das Volk sollte ihnen am Rande dieser Straßen huldigen. Da mußten zuvor Hindernisse beseitigt, Gräben zugeschüttet, Hügel abgetragen werden.

Und nun soll Gott eine solche Straße bekommen - mitten in der Wüste? Eigentlich baut man in der Wüste keine Prachtstraße. Aber das ist eben der Trost, daß Gott gerade da, wo es eigentlich nicht lohnt, eine Königsstraße zu bauen, daß er da seinen Weg nehmen will, daß gerade da seine Herrlichkeit erstrahlen will.

Bereitet dem HERRN den Weg! Man könnte meinen, daß es nun darum ginge, daß Menschen dieses „Straßenbauprogramm" in Angriff nehmen sollten. Aber wer wird hier eigentlich aufgerufen?
An jenseitige, übermenschliche Mächte ergeht der Ruf. Diesen Befehlsruf hört

der Prophet mit. Menschen sind wohl dabei, wenn Gott kommt, sie werden an ihrem Platz alle Hindernisse beseitigen, aber die Herrlichkeit ist und bleibt die Herrlichkeit Gottes. Sein Kommen ist nicht abhängig und auch nicht begründbar in der Vorbereitung durch Menschen.

Ein Ausleger schreibt: „1.500 Kilometer Wüste trennten damals die nach Babylon Verbannten von Jerusalem, von der Stadt Gottes, von der Heimat, vom heilen, erfüllten, erträumten Leben. Was uns vom heilen, erfüllten, erhofften Leben trennt, ist anders. Es hat wenig mit Geographie zu tun, nichts mit Wüsten, Steppen, Bergen. Uns steht nicht irgendeine Natur im Weg, sondern nur unsere eigene!"

Wenn wir an Berge denken, die uns den Weg versperren, sind diese nicht aus Stein, sondern aus Sorgen und Problemen, die sich durch den Unglauben zu verfestigen drohen.

Aber was ist, wenn unter uns der gleiche Gott wirkt wie damals, der Gott, der das menschlich Unmögliche möglich macht, der Unbegreifliches schafft?
Wenn das so ist - und ich zweifle keinen Augenblick daran - dann wird das geschehen, was der Prophet geschaut hat: *die Herrlichkeit des HERRN soll offenbar werden, und alles Fleisch miteinander wird es sehen; denn des HERRN Mund hat's geredet. (5)*

Diese Herrlichkeit bezeugte Johannes. Er war sozusagen der ausgestreckte Zeigefinger, der auf einen Größeren hinweist, so wie ihn Matthias Grünewald auf dem berühmten Kreuzigungsbild des Isenheimer Altars gemalt hat, den man in Colmar im Elsaß betrachten kann. Dieses Bild zeigt, was es Gott gekostet hat, den Weg durch die Wüste dieser Welt zu legen.

Nun ist dieser Weg da - uns zugute. Christus spricht: „Ich bin der Weg und die Wahrheit und das Leben; niemand kommt zum Vater denn durch mich." (Johannes 14,6) Diese Gewißheit hatte Johannes der Täufer, bevor Jesus auftrat und bevor er Jesus am Jordan taufte. Darum ist es recht und billig, dass wir ihn - den Täufer Johannes - an einem Tag im Jahr besonders ehren und ihm danken. Amen.

Erntedankfest

Rundfunkgottesdienst, Nordwest-Radio, 30. September 200
Predigt über Matthäus 6, 19-34

19 Ihr sollt euch nicht Schätze sammeln auf Erden, wo sie die Motten und der Rost fressen und wo die Diebe einbrechen und stehlen.

20 Sammelt euch aber Schätze im Himmel, wo sie weder Motten noch Rost fressen und wo die Diebe nicht einbrechen und stehlen.

21 Denn wo dein Schatz ist, da ist auch dein Herz.

22 Das Auge ist das Licht des Leibes. Wenn dein Auge lauter ist, so wird dein ganzer Leib licht sein.

23 Wenn aber dein Auge böse ist, so wird dein ganzer Leib finster sein. Wenn nun das Licht, das in dir ist, Finsternis ist, wie groß wird dann die Finsternis sein!

24 Niemand kann zwei Herren dienen: Entweder er wird den einen hassen und den andern lieben, oder er wird an dem einen hängen und den andern verachten. Ihr könnt nicht Gott dienen und dem Mammon.

25 Darum sage ich euch: Sorgt nicht um euer Leben, was ihr essen und trinken werdet; auch nicht um euren Leib, was ihr anziehen werdet. Ist nicht das Leben mehr als die Nahrung und der Leib mehr als die Kleidung?

26 Seht die Vögel unter dem Himmel an: sie säen nicht, sie ernten nicht, sie sammeln nicht in die Scheunen; und euer himmlischer Vater ernährt sie doch. Seid ihr denn nicht viel mehr als sie?

27 Wer ist unter euch, der seines Lebens Länge eine Spanne zusetzen könnte, wie sehr er sich auch darum sorgt?

28 Und warum sorgt ihr euch um die Kleidung? Schaut die Lilien auf dem Feld an, wie sie wachsen: sie arbeiten nicht, auch spinnen sie nicht.

29 Ich sage euch, dass auch Salomo in aller seiner Herrlichkeit nicht gekleidet gewesen ist wie eine von ihnen.

30 Wenn nun Gott das Gras auf dem Feld so kleidet, das doch heute steht und morgen in den Ofen geworfen wird: sollte er das nicht viel mehr für euch tun, ihr Kleingläubigen?

31 Darum sollt ihr nicht sorgen und sagen: Was werden wir essen? Was werden wir trinken? Womit werden wir uns kleiden?

32 Nach dem allen trachten die Heiden. Denn euer himmlischer Vater weiß, dass ihr all dessen bedürft.

33 Trachtet zuerst nach dem Reich Gottes und nach seiner Gerechtigkeit, so wird euch das alles zufallen.

34 Darum sorgt nicht für morgen, denn der morgige Tag wird für das Seine sorgen. Es ist genug, dass jeder Tag seine eigene Plage hat.

Liebe Gemeinde,
    liebe Hörerinnen und Hörer am Rundfunk!

Der heutige Erntedanktag will uns zuallererst daran erinnern, daß wir viel Grund zur Dankbarkeit haben. Dank für die Früchte des Feldes, die heute wieder vor allem in den ländlichen Gemeinden die Kirchen schmücken.

Wir hier in St. Martini sind eine Stadtgemeinde, aber symbolisch für die vielen Früchte des Feldes liegen heute bei uns auf dem Altar Brot und Weintrauben und daneben stehen in der Vase die herrlich leuchtenden Sonnenblumen.

Wenn wir vom Danken sprechen, dann gehen unsere Gedanken über die Früchte des Feldes hinaus, dann denken wir an alles, was unser Leben erhält und trägt. Leben, gut leben - dieser Wunsch verbindet uns wohl alle miteinander. Manche meinen, dazu gehöre unbedingt, daß man sich beizeiten ein Polster zulegt - nicht ein Fettpölsterchen, sondern ein fettes Polster auf der Bank oder in Immobilien angelegt. Und nun hören wir hier, daß Jesus sagt:

Ihr sollt euch nicht Schätze sammeln auf Erden... (19)

Er sagt das nicht, weil er besitzfeindlich wäre, weil er den Reichen ihren Reichtum nicht gönnen würde. Das ist nicht der Fall. Aber er erinnert uns daran, daß diese Schätze, die wir sammeln, vergänglich sind, so wie Motten und Rost auch schon manches gute Stück bei Ihnen zu Hause zerstört haben.

Schätze können uns genommen, sogar gestohlen werden durch Diebe. Und noch etwas: Schätze können einen Sog auslösen, der gefährlich werden kann. Muß ich Beispiele nennen von Menschen, die in diesen gefährlichen Sog geraten sind? Vielleicht gehören Sie selbst dazu. Menschen, denen das Schätze sammeln zum Verhängnis geworden ist, weil Sie sich verspekuliert haben, weil Sie krumme Geschäfte gemacht haben oder auch nur, weil Sie sich um Geld und Besitz so viele Sorgen machen, daß Sie davon niedergedrückt werden.

Wenn ihr einen Schatz haben wollt, der unzerstörbar ist und außerdem noch eurem Leben Glanz, Dankbarkeit und Freude gibt, dann sollt ihr sammeln, aber an der richtigen Stelle! Dann sollt ihr eure Sinne sammeln auf Gott hin, dem Geber aller guten Gaben. Das ist gemeint, wenn Jesus sagt: *Sammelt euch aber Schätze im Himmel, wo sie weder Motten noch Rost fressen und wo die Diebe nicht einbrechen und stehlen. (20)*

Um diese Sammlung, um diese Ausrichtung geht es heute in unserm Predigttext. Und dazu sage ich drei Leitsätze:

> Erstens: Die Ausrichtung auf Gott befreit von Sorgen.
> Zweitens: Sie macht fähig zur Freude an dem, was er uns gibt.
> Drittens: Sie läßt uns abgeben und teilen mit dem, dem das Nötige fehlt.

Lassen Sie uns nun diesen drei Gedankenschritten folgen.

Erstens: Die Ausrichtung auf Gott befreit von Sorgen.

Jesus Christus spricht: *Sorgt nicht um euer Leben, was ihr essen und trinken werdet; auch nicht um euren Leib, was ihr anziehen werdet. Ist nicht das Leben mehr als die Nahrung und der Leib mehr als die Kleidung?"(25)*

Keine Frage, daß wir diese Dinge brauchen: Essen und Trinken, Kleidung und manches andere. Das brauchen wir lebensnotwendig – das sagt auch Jesus. Aber unter seinen Worten müssen wir erkennen, daß wir uns über diese notwendigen Dinge hinaus, die ja jeder von uns hat, in einer Weise sorgen, daß dadurch viele von uns unfroh geworden sind, weil sie nicht mehr im Vertrauen zu Gott, dem Schöpfer und Erhalter unseres Lebens stehen.

Woher soll auch dieses Gottvertrauen auch kommen, wenn es in unserer Gesellschaft bei vielen Menschen nebensächlich oder gar völlig bedeutungslos geworden ist?

Nach den entsetzlichen Terroranschlägen in den USA, in New York und in Washington, mehren sich – Gott sei Dank! – die Stimmen, die anfangen zu fragen, ob vielleicht an unserm Lebensstil einiges nicht in Ordnung ist? In einem Kommentar las ich: „Die islamischen Extremisten, die höchstwahrscheinlich für diese Terroranschläge verantwortlich sind, richten sich nicht nur gegen Amerikaner und Juden, sondern gegen die gesamte „westliche Dekadenz", die - wie sie fürchten - die islamische Welt im Zuge der Globalisierung überschwemmen könnte. Wir geben ihnen leider zu oft Anlaß für solches Denken." (Wolfgang Polzer: Vom Irrglauben des verweltlichten Westens". In: idea-spkektrum. Nr. 39/2001, S. 21)

Damit sollen und dürfen die Terror-Attentate in keiner Weise entschuldigt werden. Aber ein Nachdenken über das, was unser Leben trägt, ist spätestens jetzt angesagt. Eine Kultur, der nichts mehr heilig ist, wo z.B. jetzt in diesem Augenblick, wo wir hier Gottesdienst halten, um unsere Kirche herum lautstark und geschäftstüchtig der sog. Bremer Kajenmarkt abgehalten wird, zeigt damit, daß ihr die christlichen Grundwerte, die Zehn Gebote und damit auch das Gebot „Du sollst den Feiertag heiligen!" bedeutungslos geworden sind.

Nur eine Sorge erfüllt diese Gesellschaft, so könnte man meinen, das ist die Sorge, daß ja nicht der Konsum zurückgeht, daß ja alles getan wird, daß Menschen kaufen und kaufen, auch Dinge, die sie genau genommen gar nicht brauchen. In dem Maße, wie das Sorgen um diese äußerlichen Dinge zunimmt, nimmt das Vertrauen in die Fürsorge Gottes ab. Und eben davor will uns Jesus bewahren. Eben darum warnt er: *Ihr könnt nicht Gott dienen und dem Mammon..." (24)* das heißt dem Götzen.

Götzen sind die Mächte, bei denen wir Sicherheit und Anerkennung für uns suchen. Und da steht das Geld ganz obenan. Für Geld kann man ja angeblich alles haben. Und so verleitet der Götzendienst zu Verhaltensweisen, die verheerende Auswirkungen haben, wie z.B. Habgier, sexuelle Gier, Menschenverachtung, Neid, Haß, Verlogenheit. Davon will uns Jesus befreien.

Der Schock vom 11. September könnte ein heilsamer Schock sein - nicht nur für die Amerikaner, auch für uns in Deutschland, weil hier immer mehr Menschen meinen, man könne sein Leben abseits von Gott, von Bibel, Glauben und Gemeinde führen. In den Stunden nach den Terror-Attentaten drängten die Menschen wie seit langem nicht mehr in die Kirchen. Wie oft hörte man den Satz: „Nach diesem 11. September ist nichts mehr so, wie es vorher war." Hoffentlich!

Hoffentlich lassen sich die vielen verstörten Seelen sagen, daß es für uns gut ist, Gottes Wort zu hören, Buße für unsere Sünden zu tun, damit Gott selbst uns die Sorgen abnehmen, uns trösten und stärken kann. Dazu lädt Jesus hier in der Bergpredigt ein: Kehrt um zu Gott. Setzt Euer Vertrauen auf ihn. Freut euch an dem, was ihr habt, freut euch! Darüber möchte ich jetzt sprechen:

Zweitens: Die Ausrichtung auf Gott macht fähig zur Freude an dem, was er uns gibt.

Wenn Jesus fragt: *Ist nicht das Leben mehr als die Nahrung und der Leib mehr als die Kleidung? (25)* Dann wird wohl jeder antworten: Selbstverständlich ist das Leben mehr als die Nahrung und der Körper ist mehr wert als die Kleidung, die man trägt. Ja, dann freut euch doch darüber, daß ihr das habt: das von Gott geschenkte Leben. Was können wir daraus machen?

Daß wir Essen und Trinken, Kleider und Schuh und noch einiges mehr haben.
Daß Menschen um uns sind, zu denen wir gehören.
Daß wir uns in vielfältiger Weise nützlich machen können - jeder in seiner Weise, mit seinen besonderen Gaben und Begabungen.
Daß wir am kommenden Mittwoch, dem 3. Oktober, wieder besonders daran denken, daß Gott unserm Volk die Einheit ohne Blutvergießen geschenkt hat.
Daß wir in dieser Gemeinde eine geistliche Heimat gefunden haben.
Daß Gott in seinem Wort zu uns spricht.
Daß wir den Glauben an unsern Heiland haben, der alle Tage bei uns ist.
Daß er für unsere Sünden ans Kreuz gegangen ist und uns mit Gott versöhnt hat.

Das alles - und noch viel mehr kann einem einfallen, wenn es um die herrlichen Gaben Gottes geht, die uns täglich erfreuen können. Es geht nicht darum, daß wir das Leben nicht genießen oder möglichst wenig genießen sollen. Neben dem Lied, das wir soeben gesungen haben „Herr, die Erde ist gesegnet..." stehen in unserem Gesangbuch ein paar Sätze von Dietrich Bonhoeffer, dem Theologen aus der Zeit des Dritten Reiches, der für seinen Widerstand gegen Hitler in den Tod gehen mußte.

Bonhoeffer schreibt: „Man soll Gott in dem finden und lieben, was er uns gerade gibt: wenn es Gott gefällt, uns überwältigendes irdisches Glück genießen zu lassen, dann soll man nicht frömmer sein als Gott und dieses Glück durch übermütige Gedanken und Herausforderungen wurmstichig werden lassen. Gott wird es dem, der ihn in seinem irdischen Glück findet und ihm dankt, schon nicht an Stunden fehlen lassen, in denen er daran erinnert wird, daß das Irdische nur etwas Vorläufiges ist und daß es gut ist, sein Herz an die Ewigkeit zu gewöhnen." (Evangelisches Gesangbuch. Nr. 512)
Ich darf also Freude haben an den schönen Dingen des Lebens.
Ich darf - um auf Erntedank zurückzukommen - Freude haben an einer besonders guten Ernte, an Erfolgen, auch am Überfluß. Es ist doch besser, wir ernten zu viel Getreide, Gemüse und Obst als zu wenig.

Ich kann mich freuen: an einem besonders schönen Essen, an einem besonders kostbaren Wein, an meinen Hobbys, an herrlichen Reisen und überhaupt an den vielen, vielen schönen Dingen. Christen müssen doch keine Kostverächter sein. Wo steht denn das geschrieben?

Auch Jesus konnte feiern, sich an den Dingen dieses Lebens erfreuen. Er sorgte dafür, daß auf der Hochzeit zu Kana der Wein nicht ausging - und prompt wurde er von griesgrämigen Frommen verdächtigt, er sei im Grunde gar nicht fromm, sondern *ein Fresser und Weinsäufer. (Matthäus 11,19)*

Aber an Jesus können wir erkennen, worauf es im Umgang mit den Gütern dieser Welt ankommt. Ich sage es mit einem Bibelwort:

>...*haben, als hätte man nicht. (1. Korinther 7,29-31)*

Damit ist gemeint, daß wir unsere Lebensfreude und unsern Lebensmut nicht von diesen Dingen abhängig machen: *haben, als hätte man nicht.* Genau hier liegt der entscheidende Punkt: wir dürfen mit Dank und Freude alle guten Gaben nutzen, nur nicht abhängig von ihnen werden. Vor allem weist Jesus uns darauf hin, daß wir in den kleinen Dingen das Große sehen. Und das ist sehr wichtig für unsere Lebensfreude.

Jesus gibt uns dazu anschauliche Beispiele: *Seht die Vögel unter dem Himmel an: sie säen nicht, sie ernten nicht, sie sammeln nicht in die Scheunen; und euer himmlischer Vater ernährt sie doch. Seid ihr denn nicht viel mehr als sie? Schaut die Lilien auf dem Feld an, wie sie wachsen: sie arbeiten nicht, auch spinnen sie nicht...(26 f.)*

Es ist ein schweres Mißverständnis, wenn man aus diesen Worten Jesu heraushören wollte: Nun legt ruhig die Hände in den Schoß und kümmert euch um nichts. Alles kann so bleiben, wie es ist. Und wer im Elend sitzt, soll damit zufrieden sein.
Nein, das steht gar nicht hier, sondern er möchte unser Vertrauen in unsern himmlischen Vater wecken und stärken, das Vertrauen in den Schöpfer und Erhalter alles Lebendigen.
Und so zielt hier in diesen Worten von Jesus alles auf den Satz, der in der Luther-Bibel dick gedruckt steht: *Trachtet zuerst nach dem Reich Gottes und nach seiner Gerechtigkeit, so wird euch das alles zufallen. (33)*

Und das ist das Dritte, das wir abschließend bedenken sollen.

Drittens: Die Ausrichtung auf Gott läßt uns abgeben und teilen mit dem, dem das Nötige fehlt.

Denn auch das Abgeben und das Miteinander-teilen-können gehört zum Geist der Gerechtigkeit Gottes. Gerecht vor Gott werden wir zwar nicht durch unsere guten Werke, sondern allein dadurch, daß wir uns durch Christus mit Gott versöhnen lassen, aber wer durch diese Versöhnung die Liebe unseres Heilandes erfahren hat, der kann gar nicht anders, als daß er mit dem teilt, dem das Nötige fehlt. Gottes Zuwendung, so sagt Jesus ebenfalls in der Bergpredigt, gilt allen Menschen, ohne Ausnahme: *Denn er läßt seine Sonne aufgehen über Böse und über Gute und läßt regnen über Gerechte und Ungerechte. (Matthäus 5,45)*

Und Gott spricht zu jedem Menschen, auch zu denen, die die Bibel nicht kennen, die den Namen Jesu nie gehört haben, durch das Gewissen, das jedem Menschen eingestiftet ist. Aber Gott läßt es zu, daß Menschen diese Stimme ausschalten, so wie man das Licht durch einen Schalter auslöschen kann. Dann wird es allerdings dunkel. Dann beherrscht die Finsternis den Menschen.

Jesus gebraucht genau dieses Bild, das auf den ersten Blick sogar etwas merkwürdig erscheint: *Das Auge ist das Licht des Leibes. Wenn dein Auge lauter ist, so wird dein ganzer Leib licht sein. Wenn aber dein Auge böse ist, so wird dein ganzer Leib finster sein. (22-23)*

Was ist das für ein Auge, das *lauter* ist? Gemeint ist das Auge, dessen Blickrichtung stimmt, das im Gegensatz zum bösen Auge die Dinge richtig wahrnimmt, die Dinge in ihrem richtigen Zusammenhang sieht, nicht losgelöst von ihrem Ursprung beim Schöpfer alles Lebendigen, bei Gott.

Alles, was losgelöst, abgesondert von Gott betrachtet wird, ist nach der Bibel Sünde. Wenn der Blick der Sünde Schätze oder Ehren oder Glück bei andern sieht, wird er böse, wird er neidisch. Ich denke da z.B. an Kains finsteren Blick, der dem Bruder Abel den Segen nicht gönnte und ihn erschlug. (1. Mose 4,5)

Das Auge aber, das bei allem, was es sieht, auf Gott gerichtet ist, sieht dann auch alles in dem Licht, das von ihm kommt: In deinem Licht sehen wir das Licht. In deinem Licht wird unser Leben licht. Wenn du, Gott, dabei bist, wird das, was sonst zum Verzweifeln sein könnte, gut.

Vorhin in der Lesung aus dem Propheten Jesaja haben wir Worte gehört, die in diese Richtung zielen: *Brich dem Hungrigen dein Brot, und die im Elend ohne*

Obdach sind, führe ins Haus! Wenn du einen nackt siehst, so kleide ihn, und entzieh dich nicht deinem Fleisch und Blut! Dann wird dein Licht hervorbrechen wie die Morgenröte...Wenn du in deiner Mitte niemand unterjochst und nicht mit Fingern zeigst und nicht übel redest, sondern den Hungrigen dein Herz finden läßt und den Elenden sättigst, dann wird dein Licht in der Finsternis aufgehen, und dein Dunkel wird sein wie der Mittag.(Jesaja 58,7-10)

Wo der Geist Gottes die Herzen lenkt, da ist dieses Licht, da wird - wie Jesus sagt - „dein ganzer Leib licht", da wirst du befähigt zu einer doppelten Liebe: zur Gottesliebe und zur Nächstenliebe. Die Nächstenliebe gilt nicht nur dem Menschen, dem ich helfen möchte, sondern jedem, dem ich helfen kann. Das kann jemand neben mir sein - oder auch fern von mir, dessen Schicksal mir aber nahe gebracht worden ist - z.B. durch die Zeitung, durch das Radio, durch das Fernsehen - oder durch diesen Brief hier, den die Missionarin Kerstin Abbas aus Lima, der Hauptstadt Perus in Süd-Amerika uns vor ein paar Tagen geschrieben hat.

Frau Abbas wurde vor zwei Jahren von der Deutschen Missionsgemeinschaft als Missionarin ausgesandt. Mit unserer Gemeinde feierte sie damals ihren letzten Gottesdienst in Deutschland. Heute wollen wir die Kollekte für ihre Arbeit unter den Ärmsten der Armen sammeln. Ich möchte Ihnen aus diesem Brief einige Zeilen lesen:
„Was mich in den letzten Monaten am meisten bewegt hat, war der Tod von drei Straßenkindern. Im Mai starb das erste Aidsopfer unter den Straßenkindern in Lima - ein Junge. In seinem Fall kam der Tod nicht plötzlich, sondern er wurde schwächer und schwächer und verstarb dann im Krankenhaus. Er hatte vorher sein Leben Jesus übergeben und ist friedlich eingeschlafen. Gerade weil das Leben der Straßenkinder mitunter so abrupt zu Ende ist, betet doch bitte, daß das Wort Gottes ausrichtet, wozu er es sendet, nämlich zur Rettung."

Soweit diese Missionarin. Vielleicht denkt jetzt manch einer: Ist solcher Einsatz nicht wie ein Tropfen auf einem heißen Stein? Was kann er schon bewirken in einer fast endlos weiten Wüste des Leides und der Not in unserer Welt?
Liebe Gemeinde, unser Auftrag liegt nicht darin, alle Wüsten dieser Welt zu beseitigen. Das können wir nicht, das wird eines Tages unser Herr Jesus tun. Aber was wir heute schon tun können, das ist das Teilen mit dem, dem das Nötige fehlt. Was wir heute schon tun können, das ist das Anlegen von Oasen in den Wüsten dieser Welt.

Jede Gemeinde sollte eine solche Oase in der Welt der Habgier, des Neides und des Hasses sein - ein Ort der Liebe, der Freude, des Dankes für Gottes Wohltaten. Ich möchte schließen mit einem gleichnishaften Bild:

Wer einmal von Ihnen in Israel war, in dem Land, das ja auch von weiten Wüsten durchzogen ist, der ist von dem Gegensatz der beiden größten Seen dieses Landes fasziniert. Da ist im Norden des Landes der See Genezareth und weiter südlich das sogenannte Tote Meer. Durch den einen fließt der Jordan, der größte Fluß Israels, hindurch, in den andern mündet er ein. Der See Genezareth empfängt das Wasser und gibt es wieder ab: frisch ist sein Wasser, Leben tummelt sich in ihm, die Fische, die dort gefischt werden, können Sie ohne Bedenken verzehren. An seinen Ufern befinden sich blühende Oasen.

Das Tote Meer dagegen empfängt nur - und ist eine salzige, stinkende Kloake. Völlig tot. Kein Lebewesen hat in ihm eine Lebenschance! An seinen Ufern nur Wüste soweit das Auge sieht. Welch ein Gleichnis für unser Leben!

Darum, liebe Gemeinde: freudig empfangen, freudig abgeben und freudig danken. Das erhält uns frisch und seelisch gesund. Ich wiederhole noch einmal meine drei Sätze:

> Erstens: Die Ausrichtung auf Gott befreit von Sorgen.
> Zweitens: Sie macht fähig zur Freude an dem, was Gott uns gibt.
> Drittens: Sie läßt uns abgeben und teilen mit dem, dem das Nötige fehlt.

Trachtet zuerst nach dem Reich Gottes und nach seiner Gerechtigkeit,
so wird euch das alles zufallen. Amen.

Reformationstag – 31. Oktober

Predigt über Römer 3, 21 -28

21 Nun aber ist ohne Zutun des Gesetzes die Gerechtigkeit, die vor Gott gilt, offenbart, bezeugt durch das Gesetz und die Propheten.
22 Ich rede aber von der Gerechtigkeit vor Gott, die da kommt durch den Glauben an Jesus Christus zu allen, die glauben. Denn es ist hier kein Unterschied:
23 sie sind allesamt Sünder und ermangeln des Ruhmes, den sie bei Gott haben sollten,
24 und werden ohne Verdienst gerecht aus seiner Gnade durch die Erlösung, die durch Christus Jesus geschehen ist.
25 Den hat Gott für den Glauben hingestellt als Sühne in seinem Blut zum Erweis seiner Gerechtigkeit, indem er die Sünden vergibt, die früher
26 begangen wurden in der Zeit seiner Geduld, um nun in dieser Zeit seine Gerechtigkeit zu erweisen, dass er selbst gerecht ist und gerecht macht den, der da ist aus dem Glauben an Jesus.
27 Wo bleibt nun das Rühmen? Es ist ausgeschlossen. Durch welches Gesetz? Durch das Gesetz der Werke? Nein, sondern durch das Gesetz des Glaubens.
28 So halten wir nun dafür, dass der Mensch gerecht wird ohne des Gesetzes Werke, allein durch den Glauben.

Liebe Gemeinde!

Am Reformationstag, denken wir daran, daß Martin Luther am 31. Oktober 1517 seine berühmt gewordenen 95 Thesen veröffentlichte - ein Bußruf an die Kirche.

These 1, die jeder evangelische Christ auswendig kennen sollte, lautet:
„Wenn unser Herr und Meister Jesus Christus spricht: „Tut Buße!" hat er gewollt, daß das ganze Leben der Gläubigen Buße sein soll."

Diese Thesen lösten eine Bewegung aus, die zur Bildung der evangelischen Kirche führten. Wenn wir gefragt werden, worin denn der biblisch-reformatorische Glauben besteht, dann können wir antworten mit dem vierfachen „Allein":

Allein durch das Wort!
Allein durch den Glauben!
Allein durch Christus!
Allein durch die Gnade!

So kommt Gott zu den Menschen und so kommt der Mensch zu Gott. In den soeben vorgelesenen Sätzen aus dem Römerbrief finden wir tatsächlich diese vier Begriffe wieder.

Erstens: Allein durch das Wort.

Paulus gebraucht hier für das Wort Gottes den in der Bibel häufig wiederkehrenden Ausdruck „das Gesetz und die Propheten". Damit ist also das Wort Gottes gemeint.

Warum haben die Reformatoren - Luther, Melanchthon, Zwingli, Calvin, Beza, John Knox und wie sie alle heißen - das Wort der Bibel so überdeutlich in die Mitte der Kirche gestellt?

Die katholische Kirche kennt die Heilige Schrift nicht weniger als wir. Es gibt eine Menge Katholiken, die in ihrer Bibel besser Bescheid wissen als der Durchschnitt der Evangelischen. Aber die Katholische Kirche hat immer gesagt: Die Bibel ist uns heilig und wichtig, aber es muß noch etwas hinzukommen, damit wir ihren Inhalt recht verstehen können:

Das ist die Lehre der Kirchenväter!
Das sind die Lehrentscheidungen der Kirche!
Das ist die Tradition der Kirche!

Nun bin ich der Letzte, der etwas gegen gute Tradition sagen möchte. Im Gegenteil, nichts ist so lächerlich, als wenn eine Generation so tut, als habe die Geschichte erst mit ihr begonnen, als ginge erst mit ihr das Licht der Wissenschaft an und wenn man vorher noch ein paar uneinsichtige Querköpfe überzeugen oder beseitigen könnte, dann könnte alles ganz wunderbar auf dieser Erde sein. Das ist natürlich Unsinn.

Aber dennoch können wir nicht sagen: Heilige Schrift *und* Tradition! Wir wissen, wohin das führt. Es gibt ja nicht nur eine Tradition der Wahrheit, sondern es gibt genauso eine Tradition des Irrtums. Die Katholiken sagen: Eben darum muß jemand da sein, der die unwahre Tradition von der wahren scheidet

- und das ist der Papst. So kam es zur Lehre von der Unfehlbarkeit des Papstes, wenn er als Lehrer der Kirche spricht. Damit kam es zu Entwicklungen, zu denen wir als Evangelische niemals Ja sagen können. Ich brauche nur an das Mariendogma zu erinnern, das im 19. und 20. Jahrhundert immer reicher entfaltet worden ist.

Unberührt davon ist für mich die Tatsache, daß wir dennoch zugeben müssen, daß in der einen oder anderen Sache - etwa auf dem Felde sozialethischer Entscheidungen - die Katholische Kirche in manchen Punkten evangelischer handelt als unsere protestantischen Landeskirchen. Denken Sie nur einmal an die Fragen, die mit der Abtreibung und der Familienpolitik zu tun haben, dann wissen Sie, was ich meine.

Daß das so ist, liegt aber nicht am reformatorischen Christentum, sondern daran, daß wir heute innerhalb der evangelischen Kirche weithin kein reformatorisches Christentum haben. Was wir haben ist ein bunt zusammengewürfelter Haufen von Menschen, die gar nicht wissen, was evangelisch ist, die offensichtlich seit der Konfirmation nicht mehr in eine Bibel reingeschaut haben, für die eben nicht gilt: „Allein das Wort!"

Das ist der Punkt. Das nenne ich Etikettenschwindel. Draußen steht evangelisch dran, aber drinnen ist man alles Mögliche: sozialistisch, feministisch, synkretistisch. An dieser Lüge geht unsere Volkskirche zugrunde, wenn es hier nicht zu einer bußfertigen Umkehr kommt.

Wo aber das Wort Gottes im wirklich evangelischen Sinne zur alleinigen Richtschnur des Denkens und Handelns gemacht wird, da weiß der Mensch auch, was er an diesem Worte hat, da weiß er, was er zu tun und zu lassen hat, da weiß er, was er zu glauben hat und wo der Aberglaube anfängt.

Darum ist das Wort Gottes so wichtig, so unverzichtbar. Darum sagt Paulus an anderer Stelle des Römerbriefes, daß der Glaube aus der Predigt des Wortes Gottes kommt. (Römer 10,17)

Zuerst also das Wort und dann der Glaube.
Zuerst das Hören, dann der Gehorsam.
Damit kommen wir zum zweiten Punkt:

Zweitens: Allein durch den Glauben

„Etwas Festes muß der Mensch haben" – schrieb einst Matthias Claudius. „Etwas Festes muß der Mensch haben, daran er zu Anker liege, etwas, das nicht von ihm abhängt, sondern davon er abhängt."

Und Martin Luther hatte in Anlehnung an Psalm 46 gedichtet: „Ein feste Burg ist unser Gott..." Haben Sie, hast Du dieses Feste, das unser Leben trägt und schützt? Viele haben es nicht und fühlen sich darum unsicher und ungeborgen.

Der Grund für diese Unsicherheit und Ungeborgenheit liegt allerdings weniger darin, daß Menschen der Glaube fehlt. Mir ist noch kein Mensch begegnet, dem ich hätte bescheinigen können, daß er total ungläubig sei. An irgendetwas glauben sie fast alle. Aber eben an irgendetwas: die Muslime, die Hindus, die Buddhisten, die Horoskopanhänger - sie alle haben Glauben.

Es kommt aber nicht darauf an, daß man Glauben hat, sondern Glauben an Jesus. Nicht durch Glauben werde ich gerettet, sondern durch Jesus.

Der Satz „Allein auf den Glauben kommt es an" aus dem biblischen Zusammenhang gelöst ist unvollständig und damit belanglos. Darum laßt uns nicht auf unseren Glauben blicken, sondern auf auf das Kreuz Christi, auf das Sühneopfer, das er am Kreuz für uns alle vollbracht hat. Den hat Gott für den Glauben hingestellt als Sühne in seinem Blut zum Erweis seiner Gerechtigkeit, indem er die Sünden vergibt.

Der Glaube wird ja oft, allzu oft mißverstanden und mißdeutet und verfälscht. Aus dem Gesamtzeugnis des Römerbriefes, aber auch des Neuen Testamentes - ja, der ganzen Heiligen Schrift - geht hervor, daß der Glaube seinem Wesen nach Vertrauen ist.

Jesus hat nicht den religiösen Wissensstand der Menschen anheben wollen, sondern er hat die Vertrauensfrage gestellt. Die Glaubensfrage ist die Vertrauensfrage. Christus selbst stellt diese Vertrauensfrage: Vertraust du mir dein Leben an? - nicht nur den Sonntagmorgen zwischen 10 und 11 Uhr, sondern alle Tage! Vertraust du mir dein ganzes Leben an?

Wenn wir hören, daß die „Vertrauensfrage" gestellt wird, dann denken wir in der Regel an die Politik, dann fragen wir uns, wird das die Regierung überstehen oder wird sie darüber stürzen?

Hier liegt die Sache allerdings anders. Hier geht es nicht darum, ob Christus, der diese Frage selber stellt, im Regiment bleibt oder nicht. Natürlich bleibt er im Regiment! Aber es geht darum, ob wir an ihm zu Fall kommen oder durch ihn und mit ihm leben.

Darum geht es bei dieser Vertrauensfrage. Um nicht mehr und nicht weniger! Darum hängt alles von unserer Beziehung zu Jesus ab. Nicht unser Denken, nicht unser Gefühl, sondern allein der Glaube, aber der Glaube an Jesus Christus macht uns frei von allen niederziehenden Kräften.

Drittens: Allein durch Christus.

Wir glauben nicht an irgendwelche religiösen Ideen und Programme, sondern an eine Person: Jesus Christus. In den vielen Religionen, die es auf dieser Erde gibt, geht es immer ganz entscheidend um diese eine Frage: Was müssen wir tun? Was müssen wir zustande bringen? Was müssen wir leisten, um vor der Gottheit in rechter Weise bestehen zu können?

Paulus sagt hier: Ich rede auch von der Art und Weise, wie du vor Gott - und nun nicht vor den Götzen, sondern vor dem allmächtigen und lebendigen Gott - recht bist, er sagt: gerecht wirst. *Ich rede aber von der Gerechtigkeit vor Gott, die da kommt durch den Glauben an Jesus Christus zu allen, die glauben.* (22)

Luther beschrieb, wie er allein unter dem bloßen Wort „Gottes Gerechtigkeit" gelitten hatte, aber auch, wie er aus diesen Ängsten herausfand. Hören wir ihn selbst:
„Gerechtigkeit Gottes - durch Brauch und Übung aller Doktoren war ich falsch ausgerichtet worden, als sei es philosophisch: als müßte ich Gerechtigkeit tun, um gerecht zu werden...Ich aber konnte den gerechten, die Sünde strafenden Gott der Bibel nicht lieben, ich mußte ihn hassen, obwohl ich ein untadeliger Mönch war...Da erbarmte sich Gott und im Römerbrief las ich: aus Glauben schafft Gott Gerechtigkeit, der Gerechte wird aus Glauben leben! (Römer 1, 17) Durch den Glauben - nun fühlte ich mich ganz und gar neu geboren: die Tore hatten sich mir aufgetan; ich war in das Paradies selber eingegangen. Da zeigte sich mir sogleich die ganze Heilige Schrift ein anderes Gesicht".

Das war der Durchbruch zum Evangelium: Allein durch das Wort, allein durch den Glauben, allein durch Jesus Christus werde ich selig. Allein Jesus Christus rettet - kein anderer bringt dich in den Himmel - weder die Heiligen und

Seligen noch die eigenen Werke. *Wo bleibt nun das Rühmen? Es ist ausgeschlossen. Durch welches Gesetz? Durch das Gesetz der Werke? Nein, sondern durch das Gesetz des Glaubens. (27)*

Des Glaubens daran, daß Jesus Christus für uns getan hat, was kein Mensch für sich oder für einen anderen tun kann: die Versöhnung mit Gott. Unsere Antwort auf die Versöhnung mit Gott ist unsere Versöhnung untereinander. Jeder wird irgendwo und irgendwann an anderen schuldig. Das können sehr dunkle Kapitel in unserem Leben sein. Aber durch die Versöhnung im Namen Jesu weicht diese Dunkelheit, wird es hell.

Ein großer Denker aus dem vorigen Jahrhundert - Albert Einstein - hat kurz vor seiner Emigration aus Deutschland in die Vereinigten Staaten ein sehr persönliches Glaubensbekenntnis auf Tonträger gesprochen:
„Ich bin zwar Jude, aber das strahlende Licht Jesu, des Nazareners, hat auf mich einen überwältigenden Eindruck gemacht. Es hat sich keiner so ausgedrückt wie er. Es gibt wirklich nur eine Stelle in der Welt, wo wir kein Dunkel sehen - das ist die Person Jesu. In ihm hat sich Gott am deutlichsten vor uns hingestellt."
(Zit. nach: Fritz May: Christus aktuell. Prominente über ihr Verhältnis zu Jesus Christus. Brendow-Verlag o.J., S. 147)
Darum soll auch Er allein mein Halt und meine Orientierung in allen Lebensfragen sein. Ich möchte das Gesagte veranschaulichen mit einer Begebenheit aus der Mission. Der Missionsinspektor Hoffmann, vor allem in den fünfziger und sechziger Jahren den Gemeinden bekannt, berichtete von einem bewegenden Ereignis:

Die Eingeborenen, die Christen werden wollten, bekamen Taufunterricht, um Jesus und das Evangelium kennenzulernen. An einem Sonntag wurden sie dann getauft. Das war immer ein großes Fest. Auch viele Heiden kamen dazu, um sich das anzusehen. Aber das für die Eingeborenen Entscheidende geschah eigentlich immer am Abend zuvor. Da wurde ein großes Feuer angezündet, die Täuflinge schritten heran, auf den Armen trugen sie die seltsamsten Gegenstände vom früheren Götzendienst: Zaubersachen, Amulette, Götzenbilder. Und dann traten sie einer nach dem andern ans Feuer und warfen diese Zeichen ihres alten Lebens in die lodernden Flammen.
Und nun kommt's! Einmal, so berichtete dieser Missionar, habe er eine junge Frau beobachtet, die trat auch mit einem Arm voll Götzenkram und Amuletten ans Feuer. Aber in dem Augenblick, als sie dieses Zeug ins Feuer werfen will, da kann sie es nicht. Vielleicht schoß es ihr in diesem Augenblick durch den Kopf: Damit ist ja meine ganze Vergangenheit verbunden, davon kann ich mich doch nicht trennen. Sie geht zurück. Da fällt ihr ein: dann kann ich aber nicht zu

Jesus gehören! Darauf geht sie wieder drei Schritte vor - und kann sich wieder nicht trennen.

„Da bin ich zu ihr hingegangen", so berichtet der Missionar weiter und habe gesagt: „Es fällt dir zu schwer, überlege es dir noch einmal. Du kannst dich ja zur nächsten Taufe wieder anmelden." Darauf überlegte die junge Frau einen Augenblick lang, trat rasch vor, warf die Sachen ins Feuer - und sank ohnmächtig in sich zusammen. So gewaltig kann die Erschütterung sein, die einen Mensch erfaßt, der zur Gewißheit durchbricht: Allein Christus. Jeder, der einmal zu dieser Erkenntnis gekommen ist, weiß allerdings, daß selbst ein solcher Entschluß nicht von uns aus „gemacht" werden kann, sondern daß dieses geschieht:

4. Allein durch Gnade.

Wie hat doch Luther zunächst in seiner Klosterzelle gerungen um diese Frage: Wie finde ich sündhafter Mensch in den Augen Gottes Gnade? Wie kriege ich einen gnädigen Gott?
An dieser Frage – wir hörten es - drohte dieser Mann fast zu zerbrechen. Bis ihm dann Gott selbst über dem Römerbrief, wahrscheinlich auch über einer Schriftstelle wie dieser hier, durch seinen Heiligen Geist ein Licht aufgehen ließ. Denn zum ersten Male verstand er, was Paulus meinte, wenn er schreibt:

Denn es ist hier kein Unterschied: sie (die Menschen) sind allesamt Sünder ermangeln des Ruhmes, den sie bei Gott haben sollten, und werden ohne Verdienst gerecht aus seiner Gnade durch die Erlösung, die durch Christus Jesus geschehen ist. (22-24)

„Seine Gnade" ist Geschenk - und ein Geschenk will ganz schlicht und einfach angenommen, dankbar angenommen sein. Aber vielleicht liegt hier der entscheidende Punkt: viele haben ihre Schwierigkeiten mit der Annahme von Geschenken. Sie können sie nicht so ohne weiteres annehmen, es macht ihnen zu schaffen, sie fragen sich, was steckt dahinter, sie sind mißtrauisch.
Ich kann denjenigen, die so empfinden, nur sagen, wenn du überhaupt erkannt hast, daß Gott mit Jesus Christus dir etwas schenken will, dann bist du bereits von Gottes Geist angerührt, denn Fleisch und Blut können dich nicht zu dieser Erkenntnis gebracht haben.

Dann danke Gott, daß du bereits im Kraftfeld seiner Gnade bist. Wenn aber dies alles für jemanden „böhmische Dörfer" sind, dann sage ich ihm: Es bleibt die

Hoffnung, daß Gott auch dich anrühren und öffnen kann für sein Wort, für den Glauben, für Christus. Das haben seit Paulus, der ja aus dieser persönlichen Erfahrung spricht, unzählig viele erfahren und die Reformatoren haben es der Christenheit wieder neu vor Augen geführt, wie Gott zum Menschen und wie der Mensch zu Gott kommt:

Allein durch das Wort der Heiligen Schrift.
Allein durch den Glauben.
Allein durch Jesus Christus.
Und allein durch die Gnade Gottes, die uns unser Elend und unser Heil erkennen läßt.

Ich schließe mit dem Wort unseres Predigttextes, daß geradezu zum Schlüsselwort der Reformation wurde:

So halten wir nun dafür, daß der Mensch gerecht wird
ohne des Gesetzes Werke, sondern allein durch den Glauben. (28)
Amen.

Buß- und Bettag

Predigt über Lukas 13, 22 -30

22 Und er ging durch Städte und Dörfer und lehrte und nahm seinen Weg nach Jerusalem.

23 Es sprach aber einer zu ihm: Herr, meinst du, dass nur wenige selig werden? Er aber sprach zu ihnen:

24 Ringt darum, dass ihr durch die enge Pforte hineingeht; denn viele, das sage ich euch, werden danach trachten, wie sie hineinkommen, und werden's nicht können.

25 Wenn der Hausherr aufgestanden ist und die Tür verschlossen hat und ihr anfangt, draußen zu stehen und an die Tür zu klopfen und zu sagen: Herr, tu uns auf!, dann wird er antworten und zu euch sagen: Ich kenne euch nicht; wo seid ihr her?

26 Dann werdet ihr anfangen zu sagen: Wir haben vor dir gegessen und getrunken und auf unsern Straßen hast du gelehrt.

27 Und er wird zu euch sagen: Ich kenne euch nicht; wo seid ihr her? Weicht alle von mir, ihr Übeltäter!

28 Da wird Heulen und Zähneklappern sein, wenn ihr sehen werdet Abraham, Isaak und Jakob und alle Propheten im Reich Gottes, euch aber hinausgestoßen.

29 Und es werden kommen von Osten und von Westen, von Norden und von Süden, die zu Tisch sitzen werden im Reich Gottes.

30 Und siehe, es sind Letzte, die werden die Ersten sein, und sind Erste, die werden die Letzten sein.

Liebe Gemeinde!

Der Buß- und Bettag ist vielen in unserm Lande fremd geworden. Wer will dieses Wort „Buße" heute noch hören? Es entspricht nicht dem allgemeinen Lebensgefühl. Dieses Lebensgefühl drückt sich darin aus, daß man sich von niemandem vorschreiben lassen will, wie man sein Leben führt - auch nicht von Jesus, auch nicht von ihm, den viele in unserm Volk nach wie vor für eine vorbildliche Persönlichkeit halten.

Insofern ist es nicht verwunderlich, daß der Buß - und Bettag seit 1995 kein staatlich geschützter Feiertag mehr ist, nur noch im Bundesland Sachsen. Er ist als arbeitsfreier Tag abgeschafft worden, um die Arbeitgeberanteile zur Pflegeversicherung auszugleichen. Hätte man dafür nicht einen anderen weniger markanten Feiertag als gerade den Buß- und Bettag nehmen können - etwa den 2. Pfingsttag?

Aber nein, der etwas anstößige Buß- und Bettag mußte für diese soziale Maßnahme herhalten.

Daß es dazu kommen konnte, hat sich die Kirche zum Teil selbst zuzuschreiben. Wieso? Sie hat weithin nicht den Mut, die Kraft, die Vollmacht gehabt, um eindringlich zu warnen: wohin ein Volk gerät, wenn es dieses ganz bewußte, gesammelte Gedenken an Schuld und Umkehr aufgibt, wenn es nicht mehr diese Botschaft am Buß - und Bettag hört und beherzigt:

Gerechtigkeit erhöht ein Volk, aber die Sünde ist der Leute Verderben.
(Sprüche 14, 34)

Jahrelang kam aus der Kirche heraus Kritik und Polemik gegen den Bußtag. Dieser Tag sei ein Überbleibsel aus den Zeiten, wo der fürstliche, der herzogliche oder der königliche Landesherr in Kriegs- und Notzeiten allergnädigst einen Landesbuß- und Bettag anordnete. Und überhaupt könne man doch Buße und Gebet nicht für einen bestimmten Tag anordnen.

Und hat nicht der Reformator Martin Luther selbst in der ersten seiner berühmten 95 Thesen gegen den Ablaßhandel gesagt:

„Wenn unser Herr und Meister Jesus Christus spricht: 'Tut Buße...', so hat er gewollt, daß unser ganzes Leben eine immerwährende Buße sei."

Also, so argumentierten evangelische Theologen: Hinweg mit dem Bußtag, diesem Überbleibsel aus der Zeit der Monarchie. Ich fand in meinem Zeitschriften-Archiv einige Artikel aus kirchlichen Zeitungen aus der Zeit Ende der sechziger Jahre, in denen die Abschaffung des Buß- und Bettages gefordert wurde. Das Berliner Sontagsblatt vom 19. November 1967 brachte auf Seite 1 einen ganzseitigen Beitrag unter der Überschrift „Abschaffung des Bußtages":

Darin stand: „Weil denn nachweislich dieser Tag seine Wirkung verfehlt, muß ein kritischer und ehrlicher Mensch für die Abschaffung des Bußtages plädieren. Er muß dies auch dann, wenn er damit helles Entsetzen und heftige Kritik provoziert."

Der Mann, der das schrieb, wurde dann einige Jahre später Bischof der Evangelisch-Lutherischen Kirche in Bayern.

Aber auch aus einem anderen Grund haben die, die sich Christen nennen, diesen Bußtag längst für sich abgeschafft. Warum? Weil er sie an etwas erinnert, was viele, die sich Christen nennen überhaupt nicht gerne hören. Es sind nur zwei Wörter: „Sünde" und „Buße".

Das hatte schon Jesus erfahren müssen auf seinem irdischen Weg: *Und er ging durch Städte und Dörfer und lehrte und nahm seinen Weg nach Jerusalem. (22)*

Je länger Jesus durchs Land gezogen ist, je mehr hat er von dieser engen Pforte gepredigt. Je mehr er aber von ihr sprach, je kleiner wurde die Schar, die ihm folgte. Am Anfang seiner Tätigkeit, als er Kranke heilte, als er auf der Hochzeit zu Kana Wasser in Wein verwandelte, als er das Brot vermehrte, da sind sie ihm zu Tausenden nachgelaufen, da konnte er sich kaum retten von Menschen, die zu ihm kamen und mit ihm gehen wollten.

Aber die Predigt von der engen Pforte wirkte befremdlich. Um so deutlicher die Verkündigung Jesu in diese Richtung geht, wird es einsam um ihn. Darüber kann dann auch der spektakuläre Einzug in Jerusalem nicht hinwegtäuschen. Die Predigt von der engen Pforte - wollen nur noch wenige hören - damals wie heute!
Weil es genauso ist, darum fragt einer aus dem Gefolge Jesu ganz unvermittelt: *Herr, meinst du, daß nur wenige selig werden? (23)*
Hinter dieser Frage könnte eine Sorge mitschwingen: die Sorge um Menschen, deren Bestes man will und an die man immer wieder denken muß, die einem nahestehen: die eigenen Kinder, Verwandte, Freunde, die sich allerdings nicht für das Wort Gottes interessieren.
Ist es denkbar, daß sie im biblischen Sinne verloren sind, daß sie nicht selig werden, dass sie nicht in den Himmel kommen, also in die Gemeinschaft mit Gott?

Jesus antwortet: *Ringt darum, dass ihr durch die enge Pforte hineingeht; denn viele, das sage ich euch, werden danach trachten, wie sie hineinkommen, und werden's nicht können. (24)*

Wie ist das Bild von der engen Pforte zu verstehen? Durch eine enge Pforte tritt der Mensch, jeder Mensch ins Leben ein. Und durch eine enge Pforte muß er dieses Leben auch wieder verlassen. Beide Male ist die Pforte so eng, daß kein zweiter mit ihm gleichzeitig da hindurchkäme. Da muß jeder ganz allein hindurch.

Was für das allgemeine menschliche Leben gilt, gilt im übertragenen Sinne auch für das ewige Leben. Auch dort geht es nur durch die enge Pforte zum

Leben, zum ewigen Leben. Aber da liegt auch schon der Unterschied: die beiden engen Pforten bei Geburt und Tod sind mit unserer Natur gegeben, sie sind uns bestimmt, wir können ihnen nicht ausweichen, wir müssen da hindurch.

Dagegen können wir die Pforte, von der Jesus hier spricht, umgehen. Der breite Weg sieht ja auf den ersten Blick viel angenehmer aus. Auf ihm spielt sich das pralle Leben ab: Da ist Platz für alle und für alles. Da kann man mitnehmen, was das Leben so bietet, Da kann man selbst bestimmen, was gut ist. Das ist der vermeintlich angenehme Weg.

Verstehen Sie, man möchte schon die Einladung Gottes nicht völlig ablehnen. Die Mehrzahl der Menschen in unserem Lande würden das durchaus bestätigen - mit etwas anderen Worten. Sie sagen: Gott ja, aber bitte nicht mit so engen Vorschriften, nicht solche frommen Regeln und Gebote. Bitte keine enge Pforte.

Es führen doch schließlich viele Wege nach Rom, wie das Sprichwort sagt. Das stimmt: nach Rom ja, aber nicht zu Gott. Zu Gott gibt es seit der Geburt Jesu nur einen Weg: Christus selbst ist der Weg. Er hat in göttlicher Vollmacht gesagt:

Ich bin der Weg und die Wahrheit und das Leben; niemand kommt zum Vater denn durch mich. (Johannes 14,6)

Und Maria, die Mutter des Herrn, sagte ganz schlicht auf der Hochzeit zu Kana: *Was er euch sagt, das tut. (Johannes 2,5)*

Es genügt eben nicht zu sagen: Ich bin getauft, ich komme aus einer gläubigen Familie. Oder: Bei uns wurde sogar an manchen Tagen aus der Bibel vorgelesen oder wie es hier steht: *Wir haben vor dir gegessen und getrunken, und auf unsern Straßen hast du gelehrt.*

Was sagt Jesus dazu? *Ich kenne euch nicht; wo seid ihr her? (25,26)* Jesus gebraucht hier ein Bild: Da ist jemand, bei dem man gern sein möchte. Aber da man die Zeit vertan hat, da passiert nun etwas Peinliches: *Wenn der Hausherr aufgestanden ist und die Tür verschlossen hat, und ihr anfangt, draußen zu stehen und an die Tür zu klopfen und zu sagen: Herr tu uns auf!, dann wird er antworten und zu euch sagen: Ich kenne euch nicht; wo seid ihr her? (25)*

Das sagt er auch uns. Und auch wir werden anfangen, uns zu rechtfertigen und aufzuzählen, was wir alles getan und erlebt haben: Wir haben uns bemüht, anständig zu sein, fleißig zu sein. Wir haben auch andern geholfen. Wir haben unsere Kirchensteuern bezahlt - und manches Opfer für die Kirche gegeben. Und Jesus antwortet uns: *Ich kenne euch nicht; wo seid ihr her?*

Jesus sagt es sogar noch schärfer an: *Ich kenne euch nicht; wo seid ihr her? Weicht alle von mir, ihr Übeltäter! Da wird Heulen und Zähneklappern sein... (27-28)*

„Kennen" in der Bibel meint etwas anders, als wenn wir nach einer flüchtigen Begegnung sagen: „Den kenne ich!" Nun mal im Ernst! Was würde denn geschehen, wenn so einer plötzlich vor Ihrer Tür stünde und in Ihre Wohnung hinein wollte und als Begründung eben dies sagen würde: „Wir kennen uns doch!"

Wer wird denn von Jesus als Freund, als Bruder und Schwester erkannt? Nicht unbedingt die, die sich in Selbstgerechtigkeit und Selbstzufriedenheit dafür halten. Jesus sagt ausdrücklich:

Und es werden kommen von Osten und von Westen, von Norden und von Süden, die zu Tisch sitzen werden im Reich Gottes. Und siehe, es sind Letzte, die werden die Ersten sein, und sind Erste, die werden die Letzten sein. (29-30)

Entscheidend ist also nicht, dass ich im Bilde gesprochen vor die Himmelstür trete und dort meine guten Werke aufzähle und auf meine Bekanntschaft mit Jesus poche, sondern dass ich bereit bin durch die enge Pforte zu gehen: durch die Pforte der Buße, nachdem ich mich vorher im Spiegel der Gebote Gottes gesehen habe und dadurch weiß:

Ich bin ein Sünder, aber du bist der Gerechte, du Jesus allein! Ohne dich gehe ich in die Irre und verfehle mein Leben. Aber du kannst mir meine Schuld vergeben. Du kannst mir einen neuen Anfang ermöglichen.

Wenn das ein Mensch erkennt auf seinem breiten Weg - was muß er dann tun? Doch nur eines: nämlich das, was der verlorene Sohn getan hat. Er schlug in sich, er ging in sich, er bereute seine Schuld und kehrte um und machte sich auf den Weg zu seinem Vater und vor ihm bekennt:

Vater, ich habe gesündigt gegen den Himmel und vor dir. (Lukas 15,18)

So verstanden ist Buße, ist Umkehr etwas Befreiendes, etwas, was das Herz erleichtert und die Seele froh macht. Und darum heißt es ja auch im Gleichnis vom verlorenen Sohn, nachdem er umgekehrt und beim Vater angekommen war:

Und sie fingen an, fröhlich zu sein. (Lukas 15,24)

Zu solcher Freude will uns der Bußtag ein Anstoß sein. Und darauf werden wir doch nicht verzichten.

Denn die Freude am HERRN ist eure Stärke! (Nehemia 8,10)
Amen.

Ewigkeitssonntag (Totensonntag)

Predigt über Jesaja 65, 17-19

17 Denn siehe, ich will einen neuen Himmel und eine neue Erde schaffen, dass man der vorigen nicht mehr gedenken und sie nicht mehr zu Herzen nehmen wird.

18 Freuet euch und seid fröhlich immerdar über das, was ich schaffe. Denn siehe, ich will Jerusalem zur Wonne machen und sein Volk zur Freude,

19 und ich will fröhlich sein über Jerusalem und mich freuen über mein Volk. Man soll in ihm nicht mehr hören die Stimme des Weinens noch die Stimme des Klagens.

Liebe Gemeinde!

Am letzten Sonntag im Kirchenjahr richten wir den Blick auf die Ewigkeit, auf den neuen Himmel und auf die neue Erde.

Unzählig viele Menschen gedenken am heutigen Tag ganz besonders derer, die in den Gräbern ruhen. Deswegen wird dieser Sonntag auch fast überall Totensonntag genannt. Damit aber klar bleibt, dass das Letzte und Entscheidende nicht der Tod ist, sondern die Ewigkeit, deswegen sollten wir doch dabei bleiben oder wieder dahin kommen, diesen Sonntag Ewig-keitssonntag zu nennen. Nicht der Tod, sondern Gottes Ewigkeit ist das Thema der Bibel. Daran wollen wir uns halten!

Natürlich wollen wir auch unserer Toten gedenken. Als Christen gedenken wir ihrer aber im Lichte der Ewigkeit. Wir danken unserem himmlischen Vater für alles Gute, dass wir auf unserem gemeinsamen Weg durch sie empfangen haben: für alle Liebe und Güte, für alle Treue, auch für alle Belastungen, die es gab und für alle Vergebung von Schuld.

Gewiss ist jede Trennung von einem geliebten Menschen schmerzlich und wir müssen uns auf die veränderte Situation unseres Lebens umstellen. Aber um so mehr wir an ihm, unserem Heiland bleiben, um so stärker werden wir auch von dort die Kraft bekommen, die wir brauchen, um unseren Weg fortzusetzen.

Als Christen blicken wir nach vorn - in Gottes Zukunft mit uns. Dazu lädt uns auch unser heutiger Predigttext ein. Er enthält drei Verheißungen. Verheißungen sind Zusagen Gottes. Gott hat sie durch Menschen gegeben, die von seinem Geist inspiriert waren - wie z. B. der Prophet Jesaja, den wir hier vor uns haben.

Erste Verheißung:
Gott spricht: Ich will einen neuen Himmel und eine neue Erde schaffen.

Das Neue übt auf viele Menschen eine starke Faszination aus. Vieles ist ja auch erneuerungsbedürftig bis in die ganz alltäglichen Dinge hinein.
Denken Sie nur einmal an alles, was mit Ihrer Wohnung zusammenhängt. Was ist da alles erneuert worden? Oder denken Sie einmal daran, was in den Jahren, die Sie bewusst erlebt haben, alles in userm Land erneuert worden ist - nicht immer zum Besseren.

Auf unserer Israel - Fahrt sahen wir die Überreste alter Städte, die - bedingt durch Kriege oder Erdbeben immer wieder erneuert worden waren. Um nur drei Orte zu nennen: Jericho, an dem wir vorbeifuhren, Bet-Schean und Meggido wurden über 20 mal erneuert, ast immer in der Absicht: größer und schöner zu erneuern.

Wenn die Menschen könnten, würden sie auch einen neuen Himmel und eine neue Erde schaffen. Einen neuen Himmel zu schaffen ist ein bisschen schwierig. Aber der Erde wollten schon einige ein völlig neues Gesicht geben. Die kommunistische Ideologie war ein solcher großangelegter Versuch.

Alle Versuche, einen neuen Himmel und eine neue Erde zu schaffen in dem Sinne, wie es hier gemeint ist, nämlich harmonische, paradiesische Verhältnisse zu schaffen, sind total danebengegangen. Wer den Himmel auf Erden schaffen wollte, hat bisher noch immer der Hölle den Weg bereitet, zumindest neues Elend und neue Ungerechtigkeit geschaffen.

Woran liegt das? Es liegt am Menschen selbst. Ich muss es noch genauer sagen: an den Menschen, die ohne Gottes Wort, ohne Glauben, ohne Demut vor dem Allmächtigen und damit in maßloser Selbstüberschätzung ans Werk gingen.

Die Menschheit schreitet immer weiter fort. Wir leben nicht mehr in der Steinzeit, wir wohnen nicht mehr in Zelten, liegen nicht mehr auf Bärenfellen und trinken nicht mehr Met. Die Menschheit entwickelt sich weiter, natürlich, aber der Mensch bleibt immer der gleiche mit seinen Wünschen und Hoffnungen und Sehnsüchten. Aber auch mit seinen Schwächen und Fehlern, mit seinem Ungehorsam gegen Gott, mit seiner Maßlosigkeit.

Daraus entsteht Schuld und immer wieder viel Unheil. An der bewegten Geschichte des Volkes Israel ist dieser tragische Zusammenhang ganz klar abzulesen. Das ist uns auch auf unserer Israel - Reise deutlich geworden.
Immer wenn sich Israel von Gott emanzipierte, kam es in Schwierigkeiten, in Not und Bedrängnis. Und so ergeht es jedem Volk, dem einmal die bibli-sche Botschaft gegeben wurde und das auf die Führung Gottes verzichtet - aus welchen Gründen auch immer.

Wir brauchen ja nur unser eigenes Volk anzusehen, von dem es in einem Kirchenlied (EKG 390, 2) heißt:

Gott hat dich, Deutschland, hoch geehrt
mit seinem Wort der Gnaden,
ein großes Licht dir auch beschert
und hat dich lassen laden
zu seinem Reich, welch's ewig ist,
dazu du denn geladen bist,
will heilen deinen Schaden.

Ich werde den Eindruck nicht los, dass viele in unserem Volk gar nicht daran denken, ihren Schaden heilen zu lassen, den Schaden, der aus der geistlichen Verarmung kommt. Israel damals - gut 500 Jahre vor Christus - ließ sich wenigstens immer wieder rufen und tat Buße, das heißt: es kehrte um zu dem lebendigen Gott.

Und darum die zweite Verheißung:
Siehe, ich will Jerusalem zur Wonne machen und sein Volk zur Freude.

Als der Prophet Jesaja diese Verheißung über Jerusalem verkündete, da sagte er das im Blick auf die in Trümmern liegende Stadt. So fanden die Juden ihr geliebtes Jerusalem vor, als sie nach fast 50jähriger Sklaverei in Babylon, im Gebiet des heutigen Irak, in ihre Heimat zurückkehren durften.
Wir lesen unmittelbar vor unserem Predigttext: *Deine heiligen Städte sind zur Wüste geworden, Zion ist zur Wüste geworden, Jerusalem liegt zerstört. Das Haus unsrer Heiligkeit und Herrlichkeit, in dem dich unsere Väter gelobt*

haben, ist mit Feuer verbrannt, und alles, was wir Schönes hatten, ist zuschanden gemacht. (Jesaja 64, 9 f.)

Das muss man sich mal vorstellen. Diese Menschen damals standen vor Trümmern, auch vor den Trümmern des zerstörten Tempels, der unter König Salomo 400 Jahre zuvor errichtet worden war. Alles zerstört! Die Bundeslade, das besondere Heiligtum der Israeliten, in dem die Zehn Gebote aufbewahrt waren, war nicht mehr auffindbar, wahrscheinlich auch zerstört.

Wir können kaum ermessen, wie groß der Schmerz des Volkes damals über diesen Verlust war - vergleichbar dem Schmerz um den Verlust eines geliebten Menschen. Alles, was wir Schönes hatten, ist zuschanden gemacht, ist zerstört.

So denkt auch heute mancher, der an einem Grab steht oder an die denkt, die vor uns gegangen sind: Was hatten wir alles Schönes, als Mutter noch lebte, der Vater noch da war, die Großeltern, der eigene Mann, die Frau oder das Kind, das so früh sterben musste.

Christen sind keine Übermenschen. Auch sie klagen und trauern um das Schöne, das sie hatten, das ihnen genommen wurde. Und mitten in solche Überlegungen hinein hörten sie damals und hören wir heute:

Freut euch und seid fröhlich immerdar - worüber denn? Hier steht es: *über das, was ich schaffe. (18)*

Ich kann Ihnen aus eigener Erfahrung, aus vielen seelsorgerlichen Ge-sprächen bezeugen: Menschen, die im Glauben stehen, werden in aller Regel besser mit den sog. Schicksalsschlägen fertig als diejenigen, die diesen tragenden Grund nicht haben. Der im biblischen Sinn Glaubende vertraut ganz schlicht darauf, dass Gott einen neuen Anfang setzen kann.

Darum: *Freuet euch und seid fröhlich immerdar über das, was ich schaffe.*
Was ich schaffe - darauf liegt die Betonung. Nur Gott kann einen neuen Himmel und eine neue Erde schaffen. Nur Gott kann bleibende Freude geben. Nur Gott kann einen Zustand schaffen, in dem es kein Leid mehr gibt.

Das ist die dritte Verheißung hier in unserem Text:
Man soll nicht mehr hören die Stimme des Weinens noch die Stimme des Klagens. (19)

Wir können uns das kaum vorstellen. Aber hier steht es so. Und wir wissen doch, wie viele Verheißungen, die in der Bibel stehen, bereits in Erfüllung gegangen sind:

Jerusalem jahrhundertelang verlassen von den Juden, ist wieder ein Sammelpunkt und Treffpunkt von Juden aus aller Welt. Oder denken Sie nur an den Messias: Jahrhundertelang ersehnt - in Jesus von Nazareth erschienen. Das ist keine willkürliche Deutung der Christen.

Sehen Sie sich nur einmal an, was der Prophet Jesaja in den Kapiteln 52 und 53 über den *Knecht Gottes* schreibt und Sie werden erkennen, dass das dort visionär Geschaute voll und ganz auf Jesus Christus zutrifft. So könnte man fortfahren. Und so vertraue ich darauf, dass Gott eine Welt herauf führen wird, in der es kein Leid gibt. Und die ihn kennen, die Jesus kennen, zu ihm gehören, haben bereits durch ihre Verbundenheit mit ihm einen Vorgeschmack davon.

Darauf muss ich zum Schluss noch etwas genauer eingehen. Woher kommt eigentlich das Leid? Es kann drei Ursachen haben: Schuld, Krankheit und Tod.

Wie gehen wir mit der Schuld um? Wir können sie im Lichte des Wortes Gottes erkennen, bekennen und sie durch Christus vergeben bekommen. Wir müssen nicht Schuld gegen Schuld aufrechnen: Wie du mir, so ich dir. Dieses Echogesetz hat Christus mit seinem Gang ans Kreuz im wahrsten Sinne des Wortes durch-kreuzt. Dieses Leid muss also nicht sein.

Wie gehen wir mit Krankheit um? Christus heilt. Das wird unter Christen viel zu wenig bedacht und ernstgenommen. Wer den Geist Gottes in sich hereinlässt, erfährt dadurch eine oft überraschende Stärkung seines Immun-systems. Die Bibel und die gesamte Geschichte der Kirche weiß auch von plötzlichen Heilungen - unter Gebet und Handauflegen - zu berichten. Und dort, wo die Krankheit bleibt, da können wir ihr als Christen anders begegnen.

Ich möchte Ihnen einmal vorlesen, was der französische Schriftsteller Andre Gide im Blick auf das Leiden geschrieben hat, das durch eine schwere Krankheit über einen Menschen kommen kann:
„Es ist ein Gesetz im Leben: wenn sich eine Tür vor uns schließt, öffnet sich dafür eine andere. Die Tragik ist jedoch die, dass man nach der geschlossenen Tür blickt und die geöffnete nicht beachtet. Ich glaube, dass die Krankheiten Schlüssel sind, die uns bestimmte Türen öffnen können." Ich füge hinzu: Schlüssel, die Gott gebrauchen kann, um uns bestimmte Türen zu öffnen.

Trotzdem: irgendwann muss jeder dieses irdische Leben verlassen. Dafür sorgt der Tod. Der Tod ist der letzte Feind, wie ihn Paulus im 1. Korinther-brief treffend genannt hat. Aber seit Christus auferstanden ist, ist der Tod nicht mehr das Letzte, sondern das Vorletzte, was auf uns zukommt. Wir werden verwandelt. Bei jeder Trauerfeier hören wir die Worte aus dem Neuen Testament:

Es wird gesät verweslich und wird auferstehen unverweslich. Es wird gesät ein natürlicher Leib und wird auferstehen ein geistlicher Leib. (1. Korinther 15, 42. 44)

Wer daran glaubt, für den ist bereits hier und heute auch dieses Leid entschärft. Das wünsche ich uns allen, dass wir diesen drei Verheißungen vertrauen und auf ihre Erfüllung warten:

Gott spricht: *Denn siehe, ich will einen neuen Himmel und eine neue Erde schaffen, dass man der vorigen nicht mehr gedenken und sie nicht mehr zu Herzen nehmen wird. ... Denn siehe, ich will Jerusalem zur Wonne machen und sein Volk zur Freude. ... Man soll in ihm nicht mehr hören die Stimme des Weinens noch die Stimme des Klagens. Amen.*

Printed by Books on Demand GmbH, Norderstedt / Germany